Bildnachweis:
Die Bilder des Textteils: Mady Host
Cover: Mady Host und AgenZasBrothers
Kartenicon: © Stepmap GmbH, Berlin
Karte: © AgenZasBrothers

Bibliografische Information der Deutschen Bibliothek:
Die Deutsche Bibliothek verzeichnet diese Publikation in der deutschen Nationalbibliografie. Detaillierte bibliografische Daten sind im Internet über http://dnb.ddb.de abrufbar.

2. Auflage 2015

www.reiseliteratur-verlag.de
www.traveldiary.de

Umschlagentwurf und Layout: Jürgen Bold, Jens Freyler
Satz: Jens Freyler
Druck: Standartu Spausuve

ISBN 978-3-944365-25-1

Mady Host

Einfach los ...

Mein Küstenweg

Vorwort

Wir alle sind allein. Was für ein düsterer erster Satz für ein Reisetagebuch, nicht wahr? Im Grunde genommen stimmt es aber. Wir haben, so vermute ich, ein einziges Leben, das wir versuchen so erfüllend wie möglich zu gestalten. Wie diese Gestaltung aussieht, liegt allein in unserer Verantwortung und sofern wir die Volljährigkeit erreicht haben, tragen wir jede einzelne Konsequenz unserer Entscheidungen selbst. Aber das Gute daran ist – und Achtung, jetzt wird es positiv: So allein sind wir dann doch nicht. Wir haben Begleiter, die den Lebensweg mit uns teilen, die helfen, wenn wir sie brauchen, Weggefährten, die mit uns Entscheidungen fällen und die Konsequenzen mit uns tragen.

Was das mit diesem Buch zu tun hat? Ganz einfach: Ich begebe mich auf eine Pilgerreise. Allein. Ich möchte diese Wallfahrt im Einklang mit mir selbst erleben. Aber ich freue mich auch darauf, neue Menschen kennenzulernen und ein Stück meines Weges mit ihnen zu teilen. Ich war schon einmal auf dem „klassischen" Jakobsweg – auf dem Camino Francés. Das war vor drei Jahren und damals habe ich mir den Weg mit meiner Freundin Cornelia geteilt. Da sie dieses Jahr nicht dabei sein kann, muss und will ich eben alleine los. Aber wenn es so gut läuft wie beim ersten Mal, dann werde ich auch in diesem Jahr neue Freundschaften schließen und meine Zeit mit Menschen verbringen, die mich inspirieren und zum Lachen bringen. Dennoch stelle ich mich selbst in den Vordergrund dieser Tour. Ich will schauen, wie sich das anfühlt, mal längere Zeit allein zu sein. Ich möchte herausfinden, ob es einen Unterschied zwischen Einsamkeit und „Alleinsamkeit" gibt und ergründen, was ich davon halte. In mancherlei Hinsicht werde ich mich selbst neu kennenlernen und mich ein wenig in Frage stellen. Schließlich ist es jetzt Zeit, nachdem ich sechs Jahre lang studiert habe, meine Lebensrichtung zu skizzieren und die Konturen, die es bereits gibt, nachzuzeichnen. Die Linien auf meiner Landkarte sind schon gemalt und ich werde meine Reise in der spanischen Stadt Santander beginnen und von dort aus – sofern ich mich nicht verlaufe – auf dem so genannten Küstenweg immer in Richtung Santiago de Compostela wandern.

Inhalt

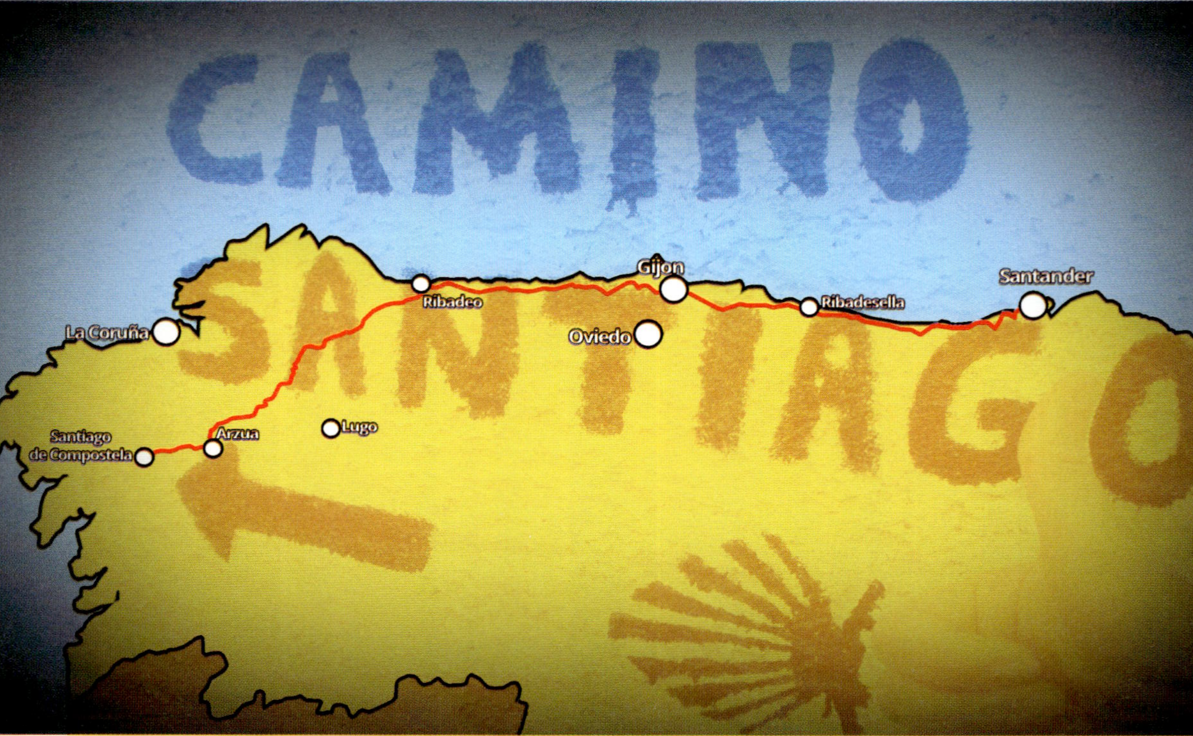
CAMINO
SANTIAGO
Santander
Ribadesella
Gijon
Oviedo
Ribadeo
La Coruña
Lugo
Arzua
Santiago
de Compostela

Anreise

Meine Haare sind blond, meine Augen blau und meine Körpergröße ist durchschnittlich - davon gehe ich mit meinen 168 Zentimetern einfach mal aus. Ich bin ehrgeizig, plane gern und lache viel. Ich liebe Nutella, schlafe ungern ohne Schlafsack in fremden Betten und mein Name ist Mady. Momentan trage ich eine graue Outdoorhose sowie ein blaues T-Shirt, auf dem zwei weiße Schafe mit schwarzen Beinen abgedruckt sind. Zwischen meinen Oberschenkeln klemmt ein grauer Trekkingrucksack. Ich sitze in einem Nahverkehrszug der Deutschen Bahn und bummele mit meinem Billigticket zum Flughafen. Ich muss gefühlte zweitausend Mal umsteigen und habe die Gelegenheit, mir sämtliche Bahnhöfe zwischen Magdeburg und Frankfurt am Main genauestens anzuschauen, sämtliche Bahnhöfe und auch sämtliche Bahnhofstoiletten. Genau hier könnt Ihr mich gleich am besten kennenlernen...
Ich bin typisch ich, weil mir das passiert: Leichtfüßig, denn ich freue mich so sehr auf meine Reise, spaziere ich zu den Toiletten. Dort werfe ich eine Münze in den dafür vorgesehenen Schlitz des Gerätes an der Wand ein und betrete ein Drehkreuz. Und jetzt fängt es an, problematisch zu werden: In meiner Leichtigkeit vergesse ich nämlich den dicken Begleiter auf meinem Rücken: Meinen Rucksack. Dieser sorgt dafür, dass ich in besagtem Drehkreuz fest stecken bleibe, so fest, dass ich glaube, nur eine Rettungsaktion mit Feuerwehreinsatz könnte mich befreien. Aber meine konsequenten ruckartigen Bewegungen führen dazu, dass ich Stück für Stück vorankomme, bis mich das Drehkreuz endlich auf der anderen Seite wieder ausspuckt. Mit hochrotem Kopf und Schweißperlen auf der Stirn stelle ich den Rucksack vor den Kabinen ab und freue mich, dass er noch da ist, als ich wieder herauskomme. Eines Besseren belehrt, hebe ich ihn auf meinem Weg nach draußen hoch in die Luft und laufe unter ihm aus dem Drehkreuz hinaus. Die erste Hürde ist geschafft.

Aber irgendwie beginnen meine Reisen ja immer damit, dass ich irgendwo steckenbleibe, zu früh aussteigen möchte, mir die Sonnenbrillengläser herausplumpsen oder ich einen Teil meines Gepäcks stehenlasse. So bin ich eben. Ich habe mich daran gewöhnt… Und ich bin mir sicher, Euch wird das auch noch gelingen.

Eine erste interkulturelle Begegnung erlebe ich während meiner Busfahrt vom Frankfurter Hauptbahnhof nach Hahn. Ein gut aussehender und sehr gepflegter dunkelhaariger Franzose bittet mich, zwischen ihm und dem Busfahrer zu übersetzen. Englisch. Das kann Camille ganz gut, während der Fahrer nur auf Deutsch reagiert. Camille möchte nämlich, dass der Busfahrer richtig Gas gibt, da die Boarding-Zeit für ihn bereits in 90 Minuten abläuft. Wir erfahren: Wenn wir gut durch alle Baustellen durchkommen, sind es ziemlich genau 90 Minuten Fahrzeit. Ich bewundere Camilles Gelassenheit, die er bis zuletzt an den Tag legt. Wir erreichen den Flughafen minutengenau zur Schließung seines Gates und er besitzt noch die Geduld, sich vor dem Aussteigen fix meinen Namen zu notieren und mir einen Kugelschreiber zu schenken. Ich sehe ihm nach und drücke die Daumen.

Die Daumen halte ich gedrückt, als ich am Taxistand vom Shuttle der Pension Pizzeria abgeholt werde. In dieser Unterkunft habe ich mir ein einfaches Zimmer reserviert, da mein Flieger erst am folgenden Morgen startet. Der kräftige Papa des Familienbetriebs begrüßt mich mit italienischem Akzent und dem Hinweis, dass der Sicherheitsgurt nur auf Sanftheit reagiert oder gleich gar nicht funktioniert. Ich probiere es mit Vorsicht, mit Ruckartigkeit, langsam und schnell. Ich ziehe und reiße und wir erreichen die Hoteleinfahrt.

„Bella, wann geht denn dein Flieger morgen?“, fragt mich der Pizzabäcker und parkt ein.

Ich lasse den Gurt los.

„9:50 Uhr.“, antworte ich, hole kurz Luft und füge schnell und typisch Deutsch hinzu: „… will aber schon um 7:50 Uhr da sein.“
„Komm` um 8:00 Uhr runter! Reicht.“, entgegnet er und klopft freundschaftlich auf meinen linken Oberschenkel.
„Zimmernummer zehn“, er drückt die Eingangstür auf und mir einen Schlüssel in die Hand und verschwindet in seiner Pizzabackstube.
„Geht klar“, erwidere ich überflüssigerweise und steige die Treppen hinauf.

1. Pilgertag: Santander-Bezana (8,9km)
Die zwei Mädels mit den drei Tupperdosen

Jetzt wird es ernst. Ich habe eine erholsame Nacht gehabt, meinen Flieger pünktlich bestiegen und befinde mich inzwischen auch schon mitten in Santander.
Um mich herum hetzen geschäftige Menschen und wegweisende Pilgersymbole sind weit und breit nicht in Sicht. Ich schwitze. Die Sonne scheint. Zum Glück habe ich eine wichtige Erledigung – die Besorgung eines Pilgerpasses – schon erfolgreich abgeschlossen und mir das Dokument in der örtlichen Herberge ausstellen lassen. Mit diesem Ausweis kann ich nun meine Pilgerschaft mittels Stempeln belegen und mir die täglichen Schlafplätze in den Pilgerunterkünften sichern. Hierbei gilt: Wer zuerst kommt, erhält ein Bett. In der Herberge habe ich natürlich auch gleich nach dem Verlauf des Jakobsweges gefragt und die Antwort theoretisch verstanden. Praktisch stehe ich nun aber irgendwo im Zentrum und suche ihn – den richtigen Weg. Und: Ich schwitze immer noch!
Da Fragenstellen mir so gut liegt, stoppe ich eine ältere, elegant gekleidete Frau und erkundige mich nach der Richtung.
„Ach, Gott. Das weiß ich auch nicht. Irgendwo auf dem Boden gibt es Pfeile.“, erwidert sie. Wieso weiß die Dame denn nicht,

wo der Weg langgeht? Wahrscheinlich, weil diese Route hier einfach nicht so bekannt ist und viele mit der Bezeichnung „Jakobsweg" in erster Linie den Camino Francés verbinden. Allerdings ist Europa von weiteren Jakobswegen durchzogen und dazu gehört auch die Route, nach der ich so angestrengt fahnde. „Ja genau. Die Pfeile suche ich ja schon…", antworte ich der Frau schließlich. „Oder haben Sie vielleicht ein Muschelsymbol gesehen?", füge ich hoffnungsvoll hinzu. Die Jakobsmuschel ist nämlich das Symbol der Pilgerschaft. Sie weist die Richtung nach Santiago de Compostela – genauso wie die zahlreichen gelben Pfeile, die uns Wallfahrern die Orientierung erleichtern sollen.

„Hm", zögert die Dame und sieht nach unten. Auch ich senke meinen Blick und gemeinsam laufen wir über den Platz und halten nach Wegweisern Ausschau. Leider erfolglos, wir sehen weder einen Pfeil noch ein Muschelsymbol.

„Ich werde zur Kirche laufen und von dort aus finde ich sicherlich eine Markierung. Danke für Ihre Hilfe.", verabschiede ich mich schließlich.

Bevor ich die Kirche tatsächlich erreiche, entdecke ich ihn: Meinen allerersten gelben Pfeil. Stolz mache ich ein Foto und befolge die Richtung, in die er mich schickt. Nun bin ich endlich und so richtig offiziell auf dem Jakobsweg. Wie aufregend.

Ständig halte ich Ausschau nach weiteren Wegweisern und muss dabei aufpassen, keine Leute anzurempeln in der regsamen Stadt. Ich befinde mich auf einem Weinfest, laufe an Ständen vorbei, vor denen Stehtische aufgebaut sind. Um sie herum sind Menschen versammelt und verkosten diverse Weine. Nichts für mich, denn ich bin eine sportliche Pilgerin mit (momentan noch) ausgeruhten Muskeln und Füßen, die etwas erleben wollen.

Nach etwa 45 Minuten habe ich die Stadt fast hinter mir gelassen und lege am Straßenrand eine Pause ein. Ich schlürfe eine

Cola. Das tue ich sonst fast nie. Aber hier muss das irgendwie sein. Ein kühles zuckerhaltiges Getränk mit Koffein ist jetzt genau das Richtige. Dazu gibt es ein Tomaten-Käse-Baguette. Den Käse habe ich von zuhause mitgebracht und er erinnert mittlerweile eher an ein Fondue als an festen Schnittkäse. Er riecht auch sehr streng, aber das macht mir nichts aus. In ein paar Tagen werde ich schließlich ähnlich duften. Na ja, ganz so schlimm wird es dieses Jahr sicherlich nicht werden, denn ich plane jeden Abend in eine Pilgerherberge einzukehren – anders als vor drei Jahren, als meine Freundin Cornelia und ich den Camino Francés mit dem Zelt beschritten haben. Mit dem Zelt zu pilgern heißt: höheres Rucksackgewicht, weniger Körperpflege, aber auch: mehr Flexibilität und geringere finanzielle Aufwendungen. Dieses Jahr nun reise ich allein, übernachte unter festen Dächern und erschließe mir einen Pilgerweg, den ich noch nicht kenne. Was das Alleinsein so mit mir macht – darauf bin ich am meisten gespannt. Werde ich es genießen, einfach nur auf mich gestellt zu sein oder mich einsam fühlen? Grundlegend habe ich kein Problem damit, Zeit mit mir zu verbringen. Ich weiß mich immer gut zu beschäftigen, sodass

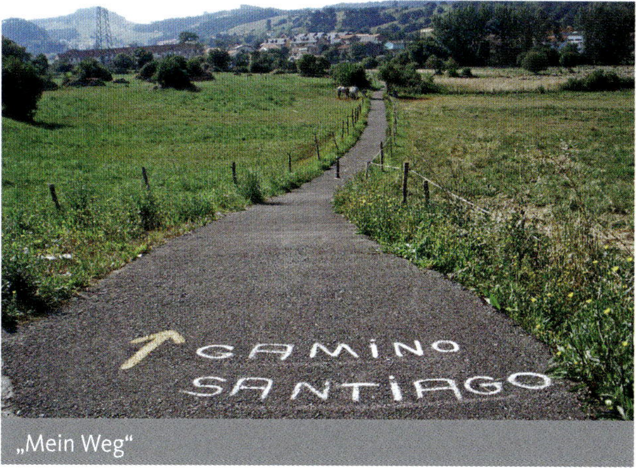

„Mein Weg“

mir selten langweilig ist. Aber daheim gibt es auch ständig etwas zu tun und muss auch ständig etwas getan werden. Wie wird das hier sein? Niemand erwartet etwas von mir, ich muss nicht arbeiten gehen, keine Vorträge fürs Studium vorbereiten und kann (aus Kostengründen) nicht stundenlang mit meiner besten Freundin telefonieren. Das einzige, was ich machen muss – um meinem eigenen Anspruch gerecht zu werden – ist laufen. Mehr nicht.

Im Gegensatz zu mir machen sich die Daheimgebliebenen wohl die größten Sorgen darüber, dass ich mich ohne Conny ständig verlaufen werde und meine Postkarten von überall herkommen, nur nicht aus Spanien. Dass ich nicht die beste Orientierungskünstlerin bin, weiß ich; aber irgendwie geht es ja immer weiter. Das habe ich mittlerweile - nicht nur auf meinen Reisen - gelernt. Ich werde schon irgendwie klar kommen – in jeglicher Hinsicht. Und meine Spanischkenntnisse werden mir das Leben auf jeden Fall leichter machen. Na dann mal los. Ich fege mir Brotkrümel vom T-Shirt, hucke mir mein Gepäck wieder auf und gehe weiter.

Nach etwa einer Stunde bin ich schon nicht mehr allein. Auf einem Wiesenpfad überhole ich zwei Schwäbinnen. Ihre Rucksäcke sind riesig, was zum einen daran liegt, dass sie als Pilgerneulinge wahrscheinlich viel zu viel mitgenommen haben und zum anderen der Tatsache geschuldet ist, dass sie drei sperrige Tupperdosen mit sich herumschleppen. Schnell habe ich den lachenden Mädels ihren Spitznamen verpasst: Die zwei Mädels mit den drei Tupperdosen. Eigentlich wollten die beiden Kolleginnen Yvonne und Michaela nur eine Box mitnehmen, haben zwei weitere aber eher aus Versehen aufgedrückt bekommen. Ihr Proviant für die Fahrt zum Flughafen war darin verstaut und es gelang ihnen nicht mehr, die unhandlichen Plastikschalen rechtzeitig bei ihrem Fahrer loszuwerden… Nun verbringen Yvonne und Michaela eben ihren vierwöchigen Jahresurlaub zusammen mit den Tupperboxen auf dem Jakobsweg. Anlass, den Weg zu gehen, hat ihnen ein begeisterter Bekannter gegeben, der den portugiesischen Camino begangen ist. „Wir wollen das auch mal ausprobieren“, lautet ihre Devise. Und nun „probieren“ wir drei das ein Stückchen gemeinsam aus und spazieren gemütlich unter der Nachmittagssonne entlang.

Wir laufen und laufen und verlaufen uns schließlich und werden stutzig, als wir mehrmals quer über diverse Kreisverkehre gehen müssen und schon länger keine Markierung mehr entdecken können. Nun ja, ich muss also nicht einmal allein sein, um mich zu verlaufen. Scheinbar reicht es aus, mich einfach nur dabei zu haben. Aber wir wissen uns zu helfen und erkundigen uns in einer Autowerkstatt nach dem Weg. Sein Verlauf ist den beiden ölverschmierten Mechanikern unbekannt.

Ich blättere in meinem Reiseführer. „Und der Ort Bezana liegt wo?“, versuche ich wenigstens die Richtung herauszubekommen. Sie wissen es und beschreiben uns die Route.

Wir befolgen ihre Angabe, hasten über weitere Kreisverkehre und schaffen es tatsächlich, gegen 17 Uhr in Bezana anzukommen. Hier soll es eine neue Herberge geben, zu der wir uns durchfragen. Ich betrete eine Bar, werfe meine Frage in den Raum und löse damit eine temperamentvolle Diskussion aus. Gäste, Dörfler und Barfrau gestikulieren hitzig und brechen beinahe in einen Streit darüber aus, ob und wenn ja, wo es eine Herberge geben könnte.

„Nein, eine Herberge gibt es nicht“, einigen sie sich schließlich.

Ich verlasse das Lokal, berichte Yvonne und Michaela von meinen Erkundigungen und blättere erneut im Reiseführer. Während wir noch beratschlagen, was wir jetzt tun könnten, kommt plötzlich ein Mann aus der Bar und signalisiert uns, ihm zu folgen. Vor einem Wohnhaus mit Pilgersymbol stoppen wir, bekommen 15 Euro abgenommen und einen Schlüssel in die Hand gedrückt. Ich beziehe ein Einzelzimmer, Yvonne und Michaela teilen sich ein breites Ehebett im Nebenzimmer,

und ein Bad – ausschließlich für uns allein – liegt zwischen beiden Räumen. Eine große Terrasse komplettiert den übermäßigen Luxus, den wir nicht erwartet haben.
Bei einem Dosenbier lassen wir den Tag ausklingen und finden heraus, dass wir uns wahrscheinlich nur verlaufen haben, weil wir das Muschelsymbol falsch deuteten. In meiner Erinnerung vom Camino Francés zeigte das schweifartige Ende die Richtung an und nicht der geschlossene Muschelteil, wie es hier zu sein scheint.

Mit mir allein… Ich war gar nicht lange allein und obwohl ich Begleitung hatte, gelang es mir, mich gleich am ersten Tag zu verlaufen. Ob die Daheimgebliebenen Recht behalten sollen? Werden meine Postkarten doch aus Frankreich, Belgien oder gar Italien kommen?

2. Pilgertag: Bezana-Polanco (25,6km) Eiswürfel in Herzform

Es ist 7:00 Uhr, ich bin hellwach und möchte nicht mehr liegenbleiben. Das ist besorgniserregend, denn noch bin ich als Studentin eingeschrieben und die Zahl „Sieben" auf meiner Uhr, ist mir völlig fremd. Da man Veränderungen auf Pilgerreisen aber zulassen sollte, stehe ich auf und finde mich bereits halb acht im völlig ausgestorbenen Örtchen auf der Straße wieder. Yvonne und Michaela schlafen wahrscheinlich noch. Auch wenn wir uns gestern gut verstanden haben, wollen wir nicht gemeinsam weiterpilgern. Ich bin schließlich hier, um meinen eigenen (Jakobs-)Weg zu finden.
Nach dem Konsum eines Powerriegels bin ich dann auch wirklich richtig wach und gewillt zu pilgern. Dass ich ein paar Minütchen in die entgegengesetzte Richtung laufe, verschweige ich lieber, denn schließlich haben wir gestern Abend noch nach dem Weg geschaut und es ist ziemlich erstaunlich,

dass ich jetzt tatsächlich falsch starte. Peinlich. Da erzähle ich doch lieber von den im Wind wedelnden Maisblättern, sanften Hügellandschaften, weiten Wiesenflächen und den im Schutze des Sonntags schlafenden Dörfern.

Eine Frühstückspause mache ich auf einer Bank am Rande einer asphaltierten Uferpiste. Ich knabbere Vollkornbrot, Trockenfrüchte, beobachte zwei Jogger und lausche dem ohrenbetäubenden Hundegebell, das von der anderen Uferseite her schallt.

Ich laufe weiter und komme mit Schafen, Kühen, Pferden und Krabbelkäfern ins Gespräch. Pilger treffe ich nicht, was mich überhaupt nicht stört. Ich fühle mich in der stillen Gesellschaft der Tiere ganz wohl. Und auch wenn mir gegen Mittag die Füße so sehr wehtun, dass ich die Schuhe mal kurz ausziehen muss, um mir die Ballen zu massieren, habe ich Spaß am Wandern und bin sogar ein wenig stolz auf meine Abenteuerreise. Ich denke an nichts Bestimmtes und fühle mich trotz fehlender Menschennähe nicht einsam.

Als ich ab Nachmittag immer wieder fantastische Ausblicke auf das Meer genieße, bin ich hochmotiviert, obwohl die Füße

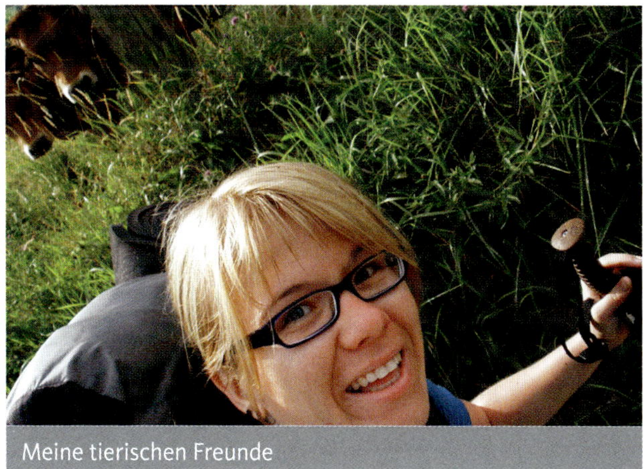

Meine tierischen Freunde

schmerzen. Zudem ist der Weg gut beschildert und ich freue mich über meine Entscheidung, nicht die verbotene Abkürzung genommen zu haben. Der Autor meines Pilgerhandbuches schreibt nämlich, dass man hinter Boo de Piélagos durch einen Tunnel unter der Bahntrasse entlang einige Kilometer abkürzen kann. Das klingt zwar verlockend, aber mir sind durchgehende Markierungen, die ich auf dem offiziellen Weg erwarte, einfach wichtiger.

Michaela und Yvonne, die definitiv nach mir aufgebrochen sind, haben sich für die Abkürzung entschieden. Ich bin zunächst überrascht, die beiden am Wegesrand zu passieren, nachdem sie sich schon seit fast einer Stunde dort ausruhen. Sie berichten, dass ihnen die Strecke keine Probleme bereitet hat und sie sich gut zurechtgefunden haben. Ich habe keine Ahnung, wie spät es ist, und falle aus allen Wolken, als mir Yvonne ihre Armbanduhr unter die Nase hält. Es ist gerade 13:30 Uhr und ich habe nur noch sechs Kilometer vor mir. Ich setze meinen Rucksack ab, rolle meine Isomatte aus und schließe die Augen. Yvonne und Michaela wollen weiter und verabschieden sich von mir.

Nach meiner Mittagsruhe schiebe ich mir noch ein paar Trockenpflaumen in den Mund und mache mich langsam auf den Weiterweg. Nach Durchquerung des Dorfes Carabias gelange ich zu den hässlichen Rohranlagen des Chemiekonzerns Solvay und muss in sengender Sonne an vermeintlich endlos langen Rohren entlanggehen.

Im nächsten Ort angekommen, scheine ich so erschöpft zu wirken, dass mich eine Frau mittleren Alters in ihr Haus winkt, mir eine kalte Cola eingießt und liebevoll einige Herzeiswürfel in das Glas plumpsen lässt. Am Küchentisch sitzen Mutter und Tochter der Frau und loben mein Schulspanisch, das ich zu Beginn meiner Reise doch eher als „eingeschlafen“ bezeichnen würde.

„Nein, nein, du machst das klasse“, schwärmen sie und verabschieden mich, nachdem ich ausgetrunken habe.

Dieses Kompliment verliert sofort wieder an Bedeutung, als ich gegen 16 Uhr im Etappenziel Polanco ankomme und die rapide nuschelnde Herbergsmutter kaum verstehe. Sie zeigt mir die Unterkunft. Es handelt sich um ein kleines frei stehendes Steinhäuschen neben der Straße, das sechs Pilgern in zwei Zimmern Platz gewährt. Ich bin die Erste und habe freie Bettenwahl. Auf der untersten Liege des Dreistockbettes breite ich meinen Rucksackinhalt aus und dusche anschließend in aller Ruhe. Dann wasche ich meine Kleidung und knote meine Unterwäsche an der Leine fest. Sehr fest. Ich prüfe meinen Knoten. Schließlich habe ich aus den Fehlern meiner ersten Pilgerreise gelernt und verspüre wenig Lust, wieder meinen einzigen BH zu verlieren. Ja, es handelt sich tatsächlich um eine wahre Begebenheit…

Ich mache es mir auf einer Holzbank vor der Herberge gemütlich und lese eine spanische Zeitung, die ich im Haus gefunden habe.

Nach etwa einer Stunde bekomme ich Gesellschaft von Isabella aus Schweden. Wie eine typische Skandinavierin sieht sie gar nicht aus mit dem dunklen, mittellangen Haar, das ihr locker in das sanfte Gesicht fällt. Ihre Augen sind blau und die Haut ist von der Sonne dunkelbraun gefärbt. Sie ist um die dreißig Jahre alt und sehr schlank. Irgendwie wirkt ihre Körperhaltung jedoch schwach und unsicher. Als sie sich nach dem Duschen zu mir setzt, erfahre ich auch warum. Tatsächlich hatte sie heute einen schrecklichen Tag. Sie hätte weinen können – ohne dass in den letzten Stunden etwas Besonderes vorgefallen war. Wahrscheinlich haben die Ereignisse, die sich zuletzt in Isabellas Heimat abspielten, sie emotional überrollt. Vor wenigen Wochen nämlich hat ihr Partner sie verlassen. Vollkommen unerwartet, wie sie sagt. Nachdem sie den ersten Schock verarbeitet hatte, entschloss sie sich, eine Reise zu machen: Die zweite Pilgerreise ihres Lebens, die sie vor elf Tagen in Irun begann. Als hätte ihr irgendjemand diese Auszeit nicht gegönnt, stand ihre Wallfahrt, noch bevor es richtig losging, unter einem schlechten Stern. Die freiberufliche Dirigentin und Lehrerin hatte kurz vor ihrer Abreise ihr Portemonnaie verloren und beantragte daraufhin im Eiltempo vorläufige Reisepapiere. Einzig die neue Kreditkarte kam nicht mehr pünktlich an. Mit einer Handvoll Bargeld machte sie sich also auf den Weg, verpasste aber ihren Zug zum Flughafen und wartete auf den nächsten. In letzter Sekunde gelang es ihr, den Flieger noch zu bekommen. Schließlich in Spanien gelandet, war es ihr Rucksack, der nicht mit der Maschine mitgekommen war. Ganz ohne Gepäck lief sie los und rief täglich am Flughafen an, um ihren aktuellen Aufenthaltsort bekannt zu geben. Ohne einen Rucksack zu starten, heißt auch keine Regensachen dabei zu haben. Und wie hätte es anders laufen sollen, als dass es gleich zu Beginn von Isabellas Reise in Strömen goss? Erst nach drei Tagen konnte sie sich gegen das Wetter wappnen und musste in den Herbergen nicht mehr um muffige Wolldecken bitten, denn sie hatte ihren Rucksack endlich wieder. Theoretisch betrachtet, musste es nun ja besser laufen. Praktisch wird Isabella aber immer wieder von ihrer Trauer über die Trennung übermannt. Ich habe den Eindruck, dass es ihr gut tut, mit mir darüber zu sprechen. Nachdem sie mir alles erzählt hat, strecken wir die Beine weit von uns, schließen die Augen und atmen schweigend die Abendluft ein.

Nach einer Weile erreicht Ivana, eine schlanke Tschechin mit frechem Gesicht und schwarzen Struwwelhaaren, die Herberge. Für sie ist es, genauso wie für mich, der erste „richtige Wandertag“ gewesen und sie hat ihn genossen. Bis auf einen Zwischenfall: Sie war gerade knapp eine Stunde lang unterwegs, als sie unter einer Brücke auf einen masturbierenden Mann traf. Sich ihrer Karatekenntnisse bewusst, passierte sie ihn selbstsicher und ignorierte ihn gezielt. Sie hatte sich für ihren Urlaub extra einen Pilgerweg ausgesucht, da sie davon ausging, dass das für eine alleinwandernde Frau eine sichere Reiseform sein müsste. So gibt es eine gute Infrastruktur, bestehend aus Cafés, Herbergen und bewohnten Orten. Davon, dass die Gegend hier nicht extrem gefährlich ist, gehe auch ich aus und bin schon sehr schockiert, als ich Ivanas Geschichte höre. Ich, tendenziell eher ein ängstlicher Mensch, versuche die Story nicht weiter an mich heran zu lassen. Ivana erzählt, dass sie in ihrem Heimatland für IBM arbeitet und damit eher unzufrieden ist. Ihr Handy ist ausgeschaltet, sie braucht Abstand vom Alltag und blockt das Gespräch über ihre Arbeit schnell ab. Den Weg wird sie leider nicht bis Santiago gehen können, da sie nur 14 Tage Urlaub hat.

Zum Abend trifft ein redefauler Italiener ein und bezieht das zweite Zimmer. Wir drei Frauen sind froh über einen reinen Mädels-Schlafraum, den Ivana als erste gegen 21 Uhr aufsucht. Isabella folgt ihr kurz darauf und ich versuche dem Italiener klar zu machen, was die Herbergsmutter mir so eindringlich eingebläut hat: Der letzte, der ins Bett geht, muss die Tür von innen zuschließen, damit wir des Nachts nicht überfallen und ausgeraubt werden. Ich sage ihm, dass der Schlüssel in einer Schale unter einer Zeitung neben der Tür liegt. Er nickt und auch ich krabbele auf meine Matratze. Ich befinde mich gerade im dösigen Einschlafmodus, als die Stimme des Italieners dumpf durch meine Ohrenstöpsel schallt. Außerdem klopft es an unsere Zimmertür. Als ich die Geräuschkulisse partout nicht mehr überhören kann, fummele ich mir den Schaumstoff aus den Ohren und murmele: „What?“

Durch die Tür hindurch grummelt der Italiener irgendetwas von: „... kann den Schlüssel nicht sehen.“ Ich, vor Müdigkeit unfähig aus dem Schlafsack zu kriechen, antworte: „Neben der Tür, aber wenn du ihn nicht findest, ist das sicher auch nicht so wild.“ Er verschwindet in sein Bett. Ich stopfe mir meinen Geräuschschutz wieder in den Gehörgang und drehe mich um.

Gefühlte dreißig Minuten später tönt eine hektische Frauenstimme durch die Holztür und kurz darauf steht die Hospitalera in unserem Zimmer und ruft: „Schlüssel, Schlüssel.“

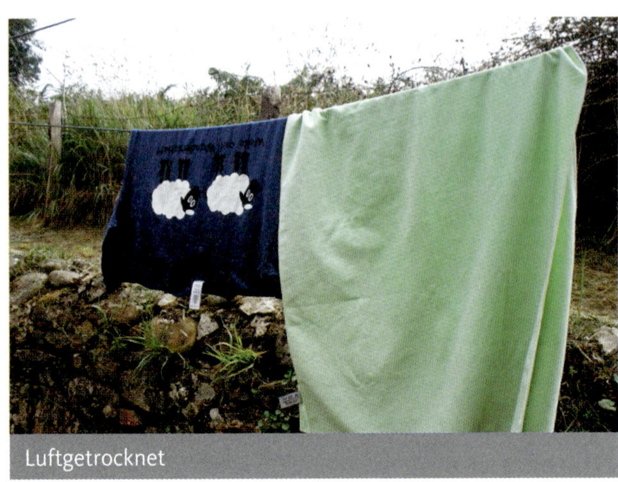

Luftgetrocknet

Mittlerweile schon einmal eingeschlafen gewesen, versuche ich sie wegzudenken. Ivana und Isabella haben scheinbar den gleichen Plan, der allerdings nur solange aufgeht, bis die Herbergsmutter vor unserem Dreistockbett steht, Ivana eine Tageszeitung vor die Nase hält und „Tschechien, Tschechien" kreischt. Alarmiert setzt Ivana sich daraufhin auf, stößt sich den Kopf an der Decke und grummelt irgendetwas auf Tschechisch. Ich vernehme zur Abwechslung mal wieder das spanische Wort für „Schlüssel" und entferne jetzt doch meine Ohrenstöpsel. Isabella, die bis eben noch tief und fest geschlafen hatte, stimmt mit einem schlaftrunkenen schwedischen Gemurmel ein. Nachdem sie Ivana die Zeitung in die Hand gedrückt hat, beugt sich die Herbergsmutter hinab und linst in mein Bett und mir direkt ins Gesicht. Nun kann ich sie wirklich nicht mehr ignorieren, öffne den Reißverschluss meines Schlafsacks und folge der jetzt zufrieden lächelnden Frau zur Tür. Dort nimmt sie meine Hand, steckt den Schlüssel ins Schlüsselloch, sorgt dafür, dass ich den Schlüssel fest umfasse und führt, zusammen mit mir, eine Probe-Drehbewegung durch. Als sie sich sicher ist, dass ich weiß, was zu tun ist, verlässt sie die Herberge und lauscht, ob ich tatsächlich hinter ihr zuschließe. Das mache ich natürlich und kehre zurück ins Zimmer.

Ich nehme Ivana die Tageszeitung ab, in der ein harmloser Bericht über Tschechien als Reiseland abgedruckt ist, und krabbele in mein Bett. Scheinbar war es der spanischen Dame wichtig, Ivana zu zeigen, dass die regionale Presse über Tschechien schreibt und es als Urlaubsziel anpreist.

Noch eine Stunde später werde ich erneut von der mir vertrauten weiblichen Stimme wach, als zwei Männer die letzten freien Betten im Nebenzimmer beziehen. Die Hospitalera verabschiedet sich von ihnen und passt genauestens auf, dass sie von innen abschließen.

Ich presse meine Augenlider fest aufeinander, schiebe den Schaumstoff noch einmal einen Zentimeter tiefer in meine Ohren und schlafe endlich wieder ein.

Mit mir allein... Ich traf viele Tiere, war nicht einsam, nur allein. Beim Wandern verspürte ich Stolz. Stolz auf mich und meinen Mut, diese Reise zu unternehmen.

3. Pilgertag: Polanco-Cóbreces (24,8km) Extrarunde und Fußmassage

Gegen halb acht bewege ich mich verschlafen nach draußen und genieße die Morgensonne, die malerisch auf ein paar rosafarbene Blumen scheint, welche sich an der Wasserquelle der Herberge entlang ranken.

Die beiden Pilger, die gestern noch so spät angekommen waren, sind auch schon wach und unterhalten sich nach dem Zähneputzen mit Isabella. Scheinbar kennen sie sich. Die Männer entschuldigen sich bei mir, dass sie so spät noch Lärm gemacht haben, und stellen sich vor. Felipe, ein junger sportlicher Spanier mit wachen Augen, und Tim, gebürtiger Engländer, der seit Jahrzehnten auf der iberischen Halbinsel lebt,

wirken sehr interessant und sind mir sofort sympathisch. Tim hat lange weiße Haare, die er zu einem Zopf gebunden trägt, und muss um die Fünfzig sein. Gemeinsam mit Ivana, die sie gerade erst kennengelernt haben, laufen die beiden Männer bald los.
Isabella erzählt mir, dass sie beinahe pleite ist und unbedingt eine Western Union Bank finden muss, um ohne Karte an Geld zu kommen. Ihre schwedische Heimatbank könnte ihr nämlich direkt Geld zum besagten Institut senden. In Santander hatte sie zwar eine dieser Banken gefunden, diese war jedoch geschlossen. Und da ihre Finanzlage nun wirklich brenzlig ist, muss etwas passieren. Wir überlegen, ob es funktionieren könnte, im nächstgrößeren Ort eine Onlineüberweisung auf mein Konto zu veranlassen, damit ich mit meiner EC-Karte für sie Geld abheben kann. Die Idee ist gut und wir laufen gemeinsam los.
Zunächst erobern wir süße Backwaren in einer kleinen Bäckerei am Wegesrand und fotografieren uns mit den Kalorienbomben in den Mündern. Dann laufen wir durch hässliche Industrielandschaften über kleine Dörfer, bis wir nach knapp zwölf Kilometern gegen halb elf im mittelalterlichen Ort Santillana del Mar eintreffen. Es wimmelt nur so von Touristenströmen in den kopfsteingepflasterten Gässchen mit ihren bunt geschmückten Souvenirläden. An der Kirche vorbei führt uns unser Weg in eine Bar, in der wir einen vorzüglichen „Café con leche“, einen Milchkaffee, trinken.
Nach einer Stunde verlassen wir das Lokal, schlendern über riesige Kopfsteine zur Touristeninformation und fragen nach einer Western Union Bank. In einem Dorf, einige Busminuten vom Pilgerweg entfernt, gibt es eine dieser Banken, erfahren wir. Isabella lässt sich die Abfahrtszeiten des Busses aufschreiben und verabschiedet sich von mir. Ich beschließe, den malerischen Ort in vollen Zügen zu genießen, und decke mich im Supermarkt erst einmal mit Lebensmitteln ein.
Mit meinem Wanderstock in der einen Hand und einer Plastiktüte in der anderen, suche ich nach einem gemütlichen Plätz-

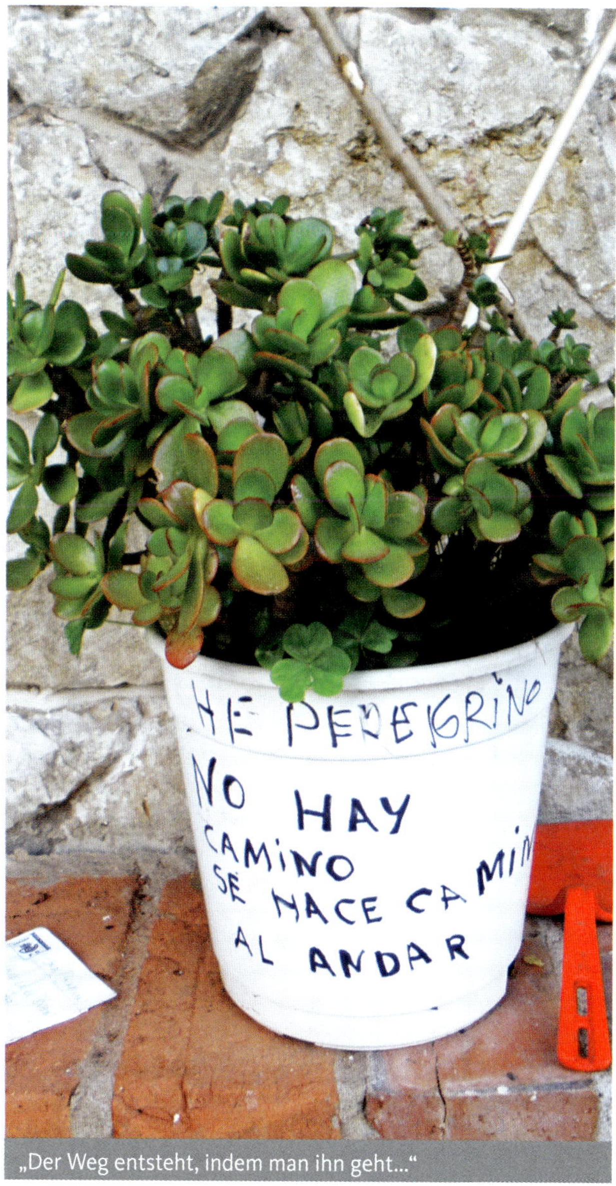

„Der Weg entsteht, indem man ihn geht…“

chen und lasse mich auf einer schattigen Bank mitten in dem lebendigen Zentrum nieder. Ich streife mir die Schuhe von den Füßen, belege mir ein Baguette, beiße hinein und beobachte die vorbei spazierenden Menschen. Ich fühle mich einfach nur gut und denke an nichts, außer an das Essen in meiner Hand. Na ja, ganz stimmt das nicht, denn eine Sache beschäftigt mich doch: Ich benötige dringend ein Brillenetui, da ich meines zuhause vergessen habe. Ich möchte in den nächsten Tagen gern mit Kontaktlinsen laufen und muss einen Weg finden, mein Nasenfahrrad sicher zu verstauen.

Entschlossen erhebe ich mich, fege mir auch jetzt wieder die Brotkrümel vom Shirt und klappere so ziemlich jeden Laden ab. Leider erfolglos. Entweder es gibt in den Souvenirshops überhaupt keine Brillenetuis oder sie sind aus weichem Leder gefertigt, was für den Transport in einem Rucksack ungeeignet ist. Ich grübele. Und dann plötzlich, mitten auf der Straße, kommt mir eine brillante Idee. Ich betrete ein Lebensmittelgeschäft und frage nach einem kleinen Karton.

„Irgendetwas, das sie sowieso wegschmeißen würden", füge ich hinzu und blicke in die ratlosen Augen der Verkäuferin. „Na, einen Pappkarton eben, eine alte Verpackung."

Jetzt erst dreht sie sich langsam um, bückt sich, wühlt unter der Ladentheke und kommt mit einem weißen Karton, den schwarze Kuhflecken zieren, wieder hinauf. „So etwas?"

„Ja, ja genau!", erwidere ich begeistert, als ich die stabile Pappbox in die Hände gedrückt bekomme. Meine Brille passt wahrscheinlich fünf Mal in das Behältnis, aber das macht ja nichts. Solange das Design stimmt… Ich begutachte die fröhlich grinsende Kuh.

Mit meinem Superkarton im Gepäck wandere ich zufrieden zum Ortsausgang. An dessen Ende befindet sich in einem kioskartigen Gebäude eine weitere Touristeninformation. Weil ich keine Markierungen finden kann, erkundige ich mich hier nach dem Jakobsweg und werde einen Hügel hinauf geschickt. Ich folge dem empfohlenen Weg für etwa zwei Kilometer, ohne ein Zeichen zu finden. Die Beschreibung in meinem Reiseführer deckt sich überhaupt nicht mit der tatsächlichen Umgebung, in der ich ratlos suchend herumstehe. Ein wenig verzweifelt, beschließe ich umzukehren. Der Anflug von Verzagtheit hat aber nicht lange eine Chance. Meine Mundwinkel verformen sich im Nu zu einem erleichterten Lächeln, als mir Isabella entgegenkommt. Sie ist gerade mit ihrem Bus zurückgekehrt und auf den gleichen Weg geschickt worden wie ich. „Was für ein Timing!", freuen wir uns über das Wiedersehen. Völlig gelöst und erleichtert berichtet Isabella mir, dass bei der Bank alles geklappt hat und sie nun endlich wieder flüssig ist. Sie freut sich, Geld zu haben und ich bin gerade sehr dankbar dafür, nicht mehr allein nach dem Weg suchen zu müssen. Die Chancen, dass wir die Route gemeinsam finden, stehen sicherlich gleich viel besser. Außerdem gefällt mir der Gedanke, dass ich mich allein verlaufe, gar nicht. Natürlich könnte ich mich bei einem Einheimischen nach dem Weg erkundigen. Aber was ist, wenn niemand zum Fragen da ist? An dieser Tatsache würde zwar auch Isabellas Anwesenheit nichts ändern, aber es

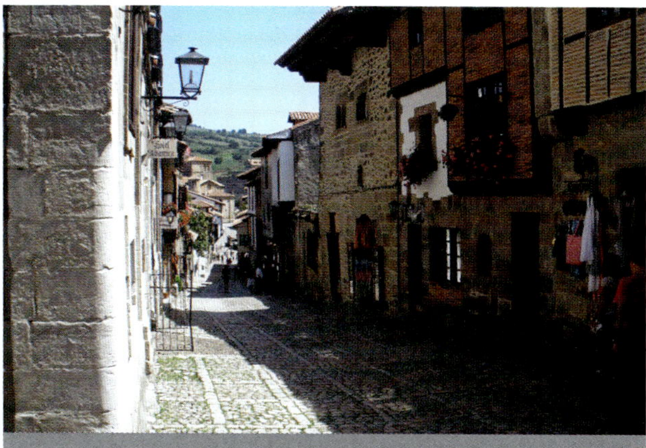

Shopping-Gässchen in Santillana del Mar

beruhigt mich zu wissen, dass da noch jemand ist, mit dem ich fachsimpeln und Alternativen finden könnte.
Ein Fenster öffnet sich und eine ältere Dame macht es sich mit einem Kissen auf ihrem Fensterbrett bequem. Ich spreche sie an und informiere mich über den Wegverlauf. Sie schickt uns in die gleiche Richtung, die ich bereits erprobt habe. Nun ja, dann muss es also stimmen. Wir wandern los.
Wir laufen und laufen und laufen, und meine Füße, die in den dicken Wanderschuhen von der sengenden Sonne aufgeheizt werden, beginnen vor Schmerz zu pochen. Das alles wäre ja nur halb so schlimm, wenn wir endlich einmal einen gelben Pfeil oder ein Muschelsymbol entdecken würden. Aber davon ist nichts in Sicht. Nach etwa drei Kilometern passieren wir ein einsam stehendes Haus, in dessen Garten zwei Leute sitzen. Ich trete näher an den Zaun und will wissen, ob wir richtig sind. Die Antwort ist niederschmetternd: „Nein, da seid ihr ganz falsch. Ihr müsst zurück nach Santillana del Mar."
Verschwitzt und missmutig kehren wir um. Meine Füße versuche ich zu ignorieren und muss mich ständig fragen, ob Isabella denn gar keine Erschöpfungserscheinungen spürt, da sie quicklebendig wirkt. Ich zweifle an mir. Zum Glück nicht lange, denn kurz vor Santillana del Mar beklagt dann endlich auch sie Fußschmerzen. So richtig glauben kann ich das aber nicht, weil sie immer noch sehr zügig läuft. Egal, denn urplötzlich – wie aus dem Nichts – finden wir uns an einer Baustelle wieder, an der gerade ein Kreisverkehr im Entstehen ist. Wir dachten, den gleichen Weg zurück wie auch hin gegangen zu sein, können uns an diese Stelle aber überhaupt nicht erinnern. Ein braungebrannter Bauarbeiter erklärt uns geduldig den Weg.
Und der Mann hat Recht. Nach ein paar Minuten finden wir endlich einen Pfeil. Schritt für Schritt geht es vorwärts. Schritt für Schritt und Schmerz für Schmerz. Ich weiß gerade nicht, wann mir schon einmal so sehr die Füße wehgetan haben. Wahrscheinlich auf irgendeiner meiner vorherigen Reisen. Im

Moment interpretiere ich diesen Schmerz aber als Maximum aller je dagewesenen Wanderleiden. Isabella hat immer noch einen recht mühelosen Schritt drauf, ist aber dennoch zu einer Pause bereit und lädt mich in einer Bar, in der wir die einzigen Gäste sind, zu einer eiskalten Cola ein. Oliven gibt es als Snack dazu. Ich zaubere noch ein paar Kartoffelchips aus meinem Rucksack und alles ist wieder gut.

Der Weiterweg geht zunächst für einige Zeit recht schmerzfrei. Wir wandern über grüne Hügel, genießen Blicke aufs Meer. Auf einer kleinen Landstraße geht es meistens bergauf, dann auf einer schmalen Straße wieder bergab und irgendwann direkt auf die große frei stehende Kirche San Martín von Cigüenza zu. Der Anblick des Bauwerks auf dem grünen Rasen unter dem strahlendblauen Himmelszelt ist fantastisch, aber der Fußschmerz in meinem Fall mittlerweile auch wieder unerträglich.

Bis Cóbreces kann es nicht mehr weit sein. Isabella beginnt zu singen, was wunderschön klingt. Sie will uns damit motivieren. Ihre Stimme ist märchenhaft und sanft. Ich genieße die Untermalung, obwohl mich eigentlich nur noch aggressive Rockmusik retten könnte. Ich will ja nicht jammern (mache ich auch nur ganz leise), aber meine Füße tun so weh!

Das machen sie immer noch, als wir endlich das Etappenziel erreichen, also genau genommen nur den Ortseingang, nicht die Herberge. Diese befindet sich im Nebengebäude eines Zisterzienserklosters, das für meinen Geschmack noch viel zu weit weg ist. Ich kann es in unendlicher Ferne erahnen. Wir laufen steil bergab in den Ort, dann genauso steil wieder bergauf. Isabella singt. Ich möchte sterben. Isabella sagt, seit sie das Ortseingangsschild gesehen hat, ist sie wieder energiegeladen. Ich grinse nur gequält und murmele: „Hm, na ja geht.“ Richtig zugeben, wie fix und fertig ich bin, möchte ich ja auch nicht. Und irgendwann ist es dann soweit und wir stehen endlich am Kloster, vor verschlossenen Türen. Wir klingeln mehrmals und zum Warten muss ich mich auf meinen Wanderstock stützen, weil ich sonst umfallen würde. Endlich erscheint ein alter Mann, bittet uns hinein, kassiert fünf Euro, stempelt die Pilgerpässe ab, begleitet uns zur Tür, deutet zur Herberge und verabschiedet uns mit Handschlag.

Wir betreten den Flachbau, der dreißig bis vierzig Pilger beherbergen kann, und ich freue mich riesig, Yvonne und Michaela zu sehen, die schon seit Stunden hier sind, weil ihre Etappe kürzer war als meine und sie sich auch nicht kilometerweit verlaufen haben. Ich werfe meinen Rucksack zu Boden, lasse mich auf einen Stuhl fallen und gebe bekannt, im Moment noch nicht ansprechbar zu sein, ziehe die Schuhe aus und freue mich, lebendig zu sein. In diesem Moment habe ich das Gefühl, ganz deutlich zu spüren, worauf es im Leben ankommt: Auf einen alten Holzstuhl zum Sitzen – nichts anderes.

Nach einer Weile stakse ich steifen Schrittes zur Dusche und wasche im Anschluss mein verschwitztes T-Shirt. Dann greife ich mir meinen Proviant und setze mich nach draußen. Allein. Ich habe gerade überhaupt keine Lust auf Gesellschaft. Reden würde mich nur unnötig anstrengen. Bissen für Bissen zwänge ich mir mein Baguette hinein, das ausgerechnet heute knochentrocken ist. Ich bin so geschafft, dass nicht einmal meine restlichen Kartoffelchips den Hunger in mir erwecken können. Meine plötzliche Fähigkeit, früh aufstehen zu können, ist schon so etwas Sonderbares, aber dass ich nun auch noch an Appetitlosigkeit leide, verwundert mich zutiefst. Das passiert eigentlich nur, wenn ich mir eine dicke Grippe inklusive Kreislaufschwäche eingefangen habe. Nun ja, ich zwinge mich zum Essen, schließlich braucht mein ausgepowerter Körper die Energie dringend. Ich kaue und denke an nichts.

Kurz vor 21 Uhr verlassen Yvonne und Michaela die Herberge und gabeln mich auf. Zuvor haben wir nämlich kurzerhand beschlossen, an einem gesungenen Stundengebet im Kloster teilzunehmen. „Im Kloster können wir ja gleich wieder sitzen", rappele ich mich auf.

Ein älterer Herr öffnet die Tore des historischen Gebäudes und wir betreten einen kleinen Raum, der in den ersten zwei Reihen mit dunkelbraunen Stühlen ausgestattet ist. Dahinter befinden sich Bänke. „Och, zweite Reihe ist doch super!“ Michaela und ich steuern zielgerichtet darauf zu und nehmen dankbar Platz. Suchend sehen wir uns nach Yvonne um, die sich auf eine der Bänke, zwei Reihen hinter uns, gesetzt hat. Wir denken uns nichts weiter dabei. In dem Raum ist es still. Nur leise füllt er sich mit überwiegend weißhaarigen Dorfbewohnern. Musik ertönt und plötzlich ergreift Michaela panisch meinen Arm.

„Ach du Schreck!“, raunt sie mir zu. „Sitzen wir nicht auf den Plätzen der Mönche?“

„Auwei! Das erklärt, warum alle anderen auf den Bänken sind.“, erwidere ich.

Gesenkten Kopfes verlassen wir unsere Plätze und huschen zur Bank, auf der Yvonne längst sitzt. Wir können, beziehungsweise müssen gleich stehenbleiben, denn genau jetzt betreten die Mönche den Raum und Musik erklingt.

„Na, das ist ja noch einmal gut gegangen“, flüstere ich Michaela zu. Wie peinlich.

Dann endlich dürfen wir uns niederlassen und ich kann den Sitzgenuss, untermalt mit Musik und gesprochenen Gebeten, auskosten. Und zu meiner Verteidigung: Keiner der Mönche sitzt in der zweiten Reihe. Vielleicht waren wir doch nicht ganz verkehrt?

Das gemütliche Sitzen hält jedenfalls nicht lange an. Nach wenigen Minuten erheben sich alle. Mir fällt das Aufstehen unendlich schwer. Eigentlich hätte ich doch ahnen können, dass wir hier die meiste Zeit stehen müssen. Und so ist es auch. Der erhoffte erholsame Genuss von Kirchenraum und -klängen bleibt aus. Ich klammere mich an die Lehne der Bank vor mir und versuche mein schmerzverzerrtes Gesicht so gut wie möglich zu kontrollieren. Ich bin beruhigt, als ich bemerke, dass sogar einer der Mönche die Augen schon geschlossen hat und ein anderer ständig gähnt. Irgendwann sind wir scheinbar an einem Punkt angekommen, an dem es halbwegs vertretbar ist, sich zu setzen, denn ich beobachte, wie zwei sehr betagte ältere Kirchenbesucher Platz nehmen. Ich reihe mich in den Kreis der Erschöpften ein und setze mich ebenfalls. Es geht einfach nicht anders. Nichts dringt mehr zu mir vor. Leider. Es ist schade, dass ich zu schwach bin, die Atmosphäre aufzunehmen und mich daran zu erfreuen. Ich beobachte, wie die Mönche den Raum der Reihe nach wieder verlassen. Das war‘s…

Wir gehen zurück zur Herberge und gesellen uns zu denjenigen, die dort den heißen Sommertag ausklingen lassen. Isabella, Ivana aus Tschechien, der Spanier und der Engländer von heute Morgen sitzen hier zusammen. Während unserer gemeinsamen Wanderung, hat Isabella mir schon von Tim, dem Weißhaarigen mit dem Zopf, vorgeschwärmt und ich hatte ihr geantwortet: „Ich hoffe, ich habe das Glück, ihn kennenzulernen.“ Und genau jetzt ist es soweit.

Isabella hatte Recht. Tim ist echt ein angenehmer Zeitgenosse. Er wirkt sympathisch weise, wenn er erzählt, und ist dabei auch noch humorvoll. Er hat schon in vielen verschiedenen Teilen Spaniens gelebt, seit er England vor Jahrzehnten den Rücken kehrte. Einmal hat er in der Sierra Nevada in einer Hütte gewohnt, die er eigenhändig erbaut hatte. Das Grundstück dafür hatte ihm ein Freund gegeben. Tim ist offensichtlich ein echter Naturbursche, ein Naturbursche mit sehr dünnem Haar, obwohl er auf eine bestimmte mexikanische Seife schwört, die angeblich für dickeres Haar sorgen soll.

Wir wechseln das Thema von Kopf bis Fuß, denn wie sollte es auf einer Pilgerreise anders sein: Über die Füße unterhält sich jeder Wallfahrer irgendwann einmal. Tim und auch Yvonne kennen sich mit den Reflexzonen auf unseren Fußsohlen aus und fachsimpeln. Ich stelle fest, dass ich den stärksten Schmerz im rechten Fuß verspüre und zwar dort, wo die Reflexzone für den Nackenbereich ist. Yvonne erzählt mir, dass der rechte Fuß, der „Fuß der Zukunft“ ist und der linke eher die Vergangenheit widerspiegelt. Was auch immer dahinter steckt, in meinem Fall passt es: Ich befinde mich gerade in einer entscheidenden Umbruchphase meines Lebens, denn ich muss herausfinden, was ich nach der Reise mit meinem abgeschlossenen Studium anfangen soll. Und genau das hat mir in den vergangenen Monaten tatsächlich heftige Nackenschmerzen bereitet. Ein interessanter Zufall oder ein tatsächlicher Zusammenhang zwischen Körper und Geist?

Tim wird zu meinem persönlichen Helden des Tages, als er seine Isomatte und ein Kopfkissen holt und mich einlädt, es mir darauf bequem zu machen. Er bittet mich, meine Socken auszuziehen - glücklicherweise habe ich vorhin geduscht - und beginnt damit, meine Füße zu massieren. Ich weiß nicht so recht, woher ich die Worte nehmen soll, um zu beschreiben, wie ich mich fühle. Ich versuche es einmal so: Stellt Euch vor, Ihr steckt mit Euren Füßen zunächst in dicken verschwitzten Wandersocken. Dann steigt Ihr in stabile Wanderboots, von denen sie sich fest umschlossen fühlen. Ihr lauft los. Ihr lauft weiter. Die Sonne brennt, auf Euren Schultern lastet ein elf Kilogramm schwerer Rucksack. Ihr lauft etwa dreißig Kilometer, bergauf und bergab. Ihr verlauft Euch, wisst nicht, ob und wann Ihr jemals irgendwo ankommt. Ihr lauft. Eure Fußsohlen hämmern, pochen, überschlagen sich beinahe vor Schmerz und dann, nach etlichen Stunden, seid Ihr dort, wo Ihr hinwolltet, und jemand stimuliert mit seinen kräftigen Fingern genau die Punkte an Euren Fußsohlen, die am allermeisten belastet sind und schmerzen. Wie fühlt Ihr Euch?

Ich sage zu Tim, dass ich momentan nirgendwo sonst auf der Welt sein möchte als hier. Er lächelt und ich denke, er spürt meine unermessliche Dankbarkeit. Erst nach himmlischen zwanzig oder sogar dreißig Minuten beendet er das Verwöhnprogramm und ich mache Platz für Yvonne. Nun ist sie an der Reihe. Felipe, der in der Zwischenzeit Isabella durchgeknetet hat, erklärt sich bereit, auch Yvonne die Füße zu mas-

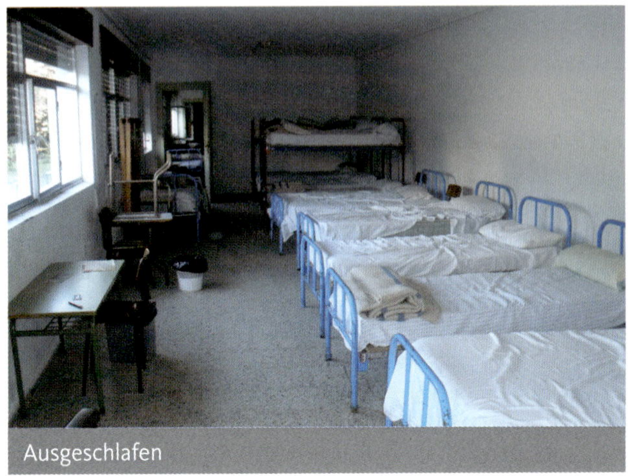

Ausgeschlafen

sieren. Er ist leidenschaftlicher Sportler sowie Hobbyarzt und findet innerhalb kürzester Zeit heraus, dass Yvonnes Füße sehr schlecht durchblutet sind und sie Kreislaufprobleme zu erwarten habe. Tim rät ihr dazu, längerfristig Gingkoprodukte einzunehmen, um dem vorzubeugen. Erstaunt setzt Yvonne sich auf und sucht nach etwas in ihrer Hosentasche.

„Ist dieses Blatt nicht von einem Gingkobaum?" Sie hält den beiden Männern ein grünes Blatt entgegen.

Tim nimmt es in die Hand. „Ja, na klar." Fragend sieht er sie an.

„Als wir vorhin vor der Kirche standen, fiel es vom Baum, mir direkt vor die Füße. Ich habe es eingesteckt.", erklärt Yvonne.

„... und nun, knapp zwei Stunden später, kennst du auch den Grund, warum es dir zugeflogen ist." Tim und Felipe begutachten das Blatt.

Das ist schon irgendwie kurios, aber so wunderbar typisch für den Jakobsweg. Es passieren Dinge, die wir uns nicht erklären können und die uns vorkommen wie kleine Wunder. Ich kann mich noch ganz genau daran erinnern, wie auf meiner ersten Pilgerreise sogar Wünsche wahr geworden sind. Cornelia und ich brauchten Wasser, wir bekamen Wasser. Wir hatten den Wunsch, Freunde wiederzusehen, und im nächsten Ort warteten sie auf uns. Wir wollten nicht, dass es regnet. Die Nacht blieb trocken. Ich glaube, auch deshalb bin ich wieder „auf dem Weg“. Pilgern ist irgendwie magisch und momentan genau das Richtige für mich.

Die Nacht ist längst angebrochen und gegen viertel zwölf schleichen wir uns leise vom Hof in die Herberge, um die anderen Pilger nicht zu wecken. Ich krabbele in meinen Schlafsack, ziehe den Reißverschluss bis oben hin zu und drehe mich auf meine Einschlafseite. Ich rutsche mit meinem Hintern ein Stück nach vorn, dann wieder nach hinten. Ich wechsle die Seite, drehe mich auf den Rücken, schiebe meine Schultern hin und her. Was ich auch mache, es wird nicht besser. Gefühlte zehntausend Sprungfedern dieser antiken Matratze drücken in meinen geschundenen Pilgerkörper. Ich öffne die Augen, warte, bis sie sich an die Dunkelheit gewöhnt haben, und sehe mich um. Ein paar Betten weiter ist tatsächlich noch ein Schlafplatz frei. Ich setze mich auf, fixiere den Schlafsack unter meinen Achseln und absolviere leise und in Zeitlupe meinen ganz eigenen Sackhüpfwettbewerb zum nächsten freien Bett. Hier liege ich bedeutend bequemer und schlafe endlich ein. Meine Beine pochen im selben Rhythmus wie mein Herz.

Mit mir allein… Wäre Isabella heute nicht so plötzlich wieder aufgetaucht, hätte es mich schon irgendwie beunruhigt, allein zu sein. Ich bin nämlich nicht sicher, wie souverän ich tatsächlich damit umgehen würde, mich zu verlaufen. Hoffentlich muss ich das nicht noch herausfinden. Eigentlich war ich heute doppelt froh über menschliche Gesellschaft. Mit einem Lächeln denke ich an die entspannende Fußmassage, die ich dem weißhaarigen Tim zu verdanken habe.

4. Pilgertag: Cóbreces-Comillas (10,7km) Alleinsamkeit = Einsamkeit?

Tageslicht erfüllt den Raum. Ich liege auf dem Rücken, die Augen noch geschlossen. Gerade hatte ich einen schrecklichen Traum. Der Jakobsweg wurde plötzlich gesperrt und ich durfte nicht weiter laufen. Ich musste zurück nach Deutschland. Völlig frustriert dort angekommen, drehte ich durch, schrie, dass ich zurück wollte auf den Weg.
Langsam öffne ich meine Augen. Ich bin noch da. Wie schön. Es war nur ein furchtbarer Traum. Aber was hat er zu bedeuten? Geht es mir hier schon so gut, dass ich glaube verrückt werden zu müssen, wenn ich den Weg verlasse, bevor ich ihn zu Ende gegangen bin?
Ich neige meinen Kopf nach rechts und dann nach links und erschrecke, als ich erkenne, dass der Raum leer ist. Wie spät ist es denn? Ich fummle mein Handy aus dem Schlafsack, schalte es ein und sehe, es ist 8:00 Uhr. Ich habe so fest geschlafen, dass ich nicht gehört habe, wie all die anderen Pilger vor mir aufgebrochen sind. Ich muss lächeln und stelle mir vor, wie das jetzt wohl von oben aussehen muss: Ein einziger blauer Schlafsack, mit mir gefüllt, liegt ganz allein in einem sonnenlichtdurchfluteten Raum, umgeben von etlichen leeren Betten.
Ich räkele mich genüsslich, gähne ein paar Mal und schäle mich dann gemütlich aus meinem Nachtlager. Ich trotte ins Bad und genieße die Menschenleere hier ganz besonders. In Ruhe packe ich alles zusammen und schlurfe zu einem Lebensmittelkiosk. Dort setze ich mich auf eine Mauer und warte, bis der Laden öffnet. Ein Salamander mit einem ziemlich nervösen Puls beobachtet mich und ich ihn. Dann hält ein Auto und eine Frau öffnet das kleine Geschäft. Ich entscheide mich für Kuchen, Brot und Käse. Dann wandere ich zu einer Bar, bestelle mir einen großen Café con leche und bereite mir mein Frühstück zu. Die spanischen Kellner haben

sich bei mir noch nie darüber beschwert, dass ich als Pilgerin meine mitgebrachten Speisen verzehre. Im Gegenteil, für sie ist es (meistens) normal, dass Wallfahrer sich selbst versorgen.
Nach der zweiten Tasse Kaffee breche ich zum Strand auf. Bis auf ein paar wenige Menschen ist es hier sehr leer. Der Sand ist fein. Runde Steine und Felsbrocken bilden eine klare Linie bis hin zu den umliegenden grünen Hügeln. Das Wasser erscheint blau, genauso wie der vollkommen wolkenlose Himmel darüber. Barfuß hinterlasse ich meine Fußspuren im feuchten Sand. Lange stehe ich im flachen, warmen Wasser und lasse mir die Knöchel vom schäumenden Nass umspülen.
Was ich spüre? Leichtigkeit und Freiheit. Freiheit für die Füße, aber auch für die Sinne. Die Abschlussarbeit, der Studentenjob, die ewigen Fragen nach der Zukunft - all das, was mich zuletzt in meinem Alltag in Deutschland beschäftigt hat, ist aus meinen Gedanken verschwunden. Einzig der Meeresduft und der laue Wind, der über mein Gesicht streicht, zählen.
Erst gegen 11:00 Uhr füllt sich der Strand zusehends mit Badetouristen. Eine halbe Stunde später wird es mir zu voll und ich laufe los. An der kleinen Zufahrtsstraße streiche ich mir den

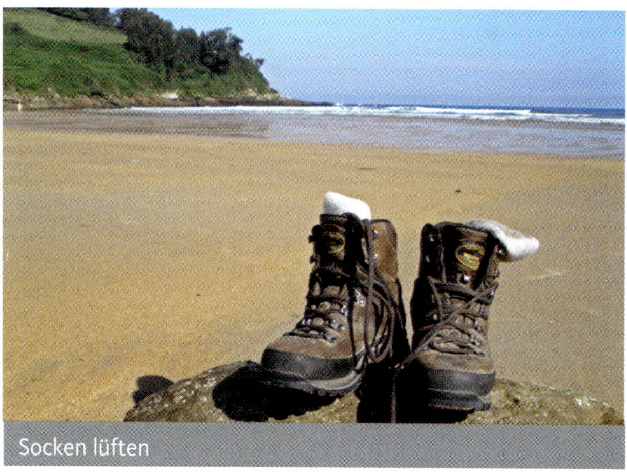
Socken lüften

Sand von den Füßen und schlüpfe in meine Schuhe. Beim Verlassen des Ortes fotografiere ich noch ein wenig die Umgebung und laufe dann etwa vier Kilometer weiter, bis ich eine einsam stehende Palme entdecke, unter der ich es mir bequem mache. Ich habe beschlossen, heute nur bis Comillas zu wandern und den Tag vollkommen relaxt anzugehen. Die Palme steht auf einem Restaurantparkplatz, was zur Folge hat, dass mir ständig Essensdüfte in die Nase steigen. Aus einem Einfamilienhaus tönt der Gesang einer Männerstimme. Es klingt, als würde jemand eine Arie einstudieren. Etwa eine Stunde lang atme ich die Gerüche ein, lausche der tiefen Stimme und schaue mir die Palmenblätter von unten an.

Ich laufe weiter. Die Sonne brennt mir auf den Scheitel. Über dem Asphalt flimmert die Hitze, Geckos und Spinnen huschen am Straßenrand entlang, auf der Suche nach Schatten. Mir machen die hohen Temperaturen nicht viel aus. Ich kann sowohl mit Hitze als auch Kälte ganz gut umgehen, wobei ich brennende Sonne klar bevorzuge. An Zitronen- und Feigenbäumen vorbei, passiere ich kleine Dörfer. Ab und zu pausiere ich auf schattigen Bänken, denn ich habe ja Zeit.

Etwa zwei Kilometer vor meinem Tagesziel lerne ich Ola kennen, eine Polin, die sich mit schmerzverzerrtem Gesicht nur langsam humpelnd fortbewegt. Ich frage sie, ob sie allein unterwegs ist, und sie erzählt mir, dass sie mit jemandem reist, den sie vorab über ein Pilgerforum gesucht und gefunden hat. Sie sind erst seit kurzem auf dem Weg, harmonierten aber ganz gut – bis zu dem Zeitpunkt, als Ola in ihren Halbschuhen umknickte und seitdem nur noch ein Viertel des vorherigen Wandertempos gehen kann. Da es heute besonders schlimm ist, hat sie ihren Pilgerfreund vorausgeschickt und sich mit ihm an der Herberge verabredet.

„Ich weiß nicht, vielleicht sollten wir uns trennen. Ich will ihn nicht aufhalten und genau das tue ich, solange es meinem Knöchel so schlecht geht", gibt sie zu bedenken.

Froh über die angenehme Gesellschaft, schlendere ich geduldig neben Ola. Sie ist die erste Person, mit der ich mich heute austausche. Eine Unterhaltung hat mir zwar nicht gefehlt, dennoch finde ich es lohnenswert, meine Wandergeschwindigkeit zu mindern und Olas Reisegeschichten zu lauschen. Sie erzählt, wo auf der Welt sie schon überall gewesen ist, und ich berichte davon, wie ich auf Island per Anhalter von Ort zu Ort gelangt bin. Unser Gespräch ist weder sonderlich tiefsinnig noch lustig, aber es ist einfach schön, einen neuen Menschen kennenzulernen und seinen Erzählungen zu folgen.

Um 16:00 Uhr erreichen wir die Herberge, die in einem ehemaligen Gefängnis liegt. Ich traue meinen Augen nicht, als ich die Pilgerschlange vor der Tür sehe. Ein älterer, hoch gewachsener Mann spricht mich auf Deutsch an: „Wir sind schon längst zwanzig Leute und haben uns auf eine Liste eingeschrieben. Hier ist kein freies Bett mehr zu holen. Vielleicht findest du ja eine Pension."

Enttäuscht verabschiede ich mich von Ola, deren Platz sicher ist, weil ihre Internetbekanntschaft sie in dem Verzeichnis vermerkt hat. Auf meinem Weg zur Touristeninformation frage ich mich, warum ich mir heute so bewusst Zeit gelassen habe und dann damit gestraft worden bin, keinen Schlafplatz mehr abzubekommen. Was soll mich das lehren? Geruhsamkeit darf doch nicht getadelt werden… Vielleicht soll es mir zeigen, dass manchmal auch Negatives mit Gelassenheit akzeptiert werden will?

An der Info angekommen, lasse ich mir ein paar billige Ein-Sterne-Pensionen nennen und laufe durch das historische Zentrum von Comillas. Für 25 Euro bekomme ich ein gepflegtes Einzelzimmer mit sauberem Etagenbad. Ich genieße eine ausgiebige Dusche und breite meine Sachen im gesamten Zimmer aus.

Nach einer Weile beschließe ich, mir das kleine antike Küstenstädtchen, in dem ich heute nächtige, genauer anzusehen. Ich schlendere durch Gässchen, über Plätze und sauge die touristische Atmosphäre auf. Souvenirläden werben mit ihrer bunten Dekoration für T-Shirts, Figuren und andere Mitbringsel. Mit einer Cola in der Hand sitze ich auf einer Bank und beobachte Menschen. Und dann fängt es auf einmal an zu regnen. Es wird windig und kühl. Blätter und Staub werden vom Wind über die Straßen gepeitscht und Spaziergänger eilen und suchen nach Unterschlupf. Ich fahre mir über die fröstelnden Oberarme und wische mir einen dicken Regentropfen von der Nasenspitze. Ich fürchte, auch mir bleibt nichts anderes übrig, als in die Pension zurückzukehren.

Dort angekommen, nehme ich mir eine Zeitschrift und verschwinde damit in meinem Zimmer. Ich blättere darin und einzig das Rascheln der Seiten verursacht Geräusche. Nachdem ich das Magazin zwei Mal durchgesehen habe, ist es plötzlich ganz leise. Zu ruhig, wie mir bewusst wird. Sehr gern würde ich jetzt menschliche Stimmen hören. Rein theoretisch betrachtet, sollte es mir gefallen, über Nacht allein zu sein. Schließlich muss ich heute mal keine Schnarchgeräusche vernehmen, aber irgendwie fühle ich mich jetzt einsam. Ja, so ist es. Ich bin nicht einfach nur allein, sondern tatsächlich einsam und kann verstehen, dass auch Menschen mit stabilen Geldbeuteln ganz bewusst in Herbergen nächtigen – auch wenn sie das nötige Budget für eine Pension hätten. Es ist einfach schön, sich nach einem Wandertag mit anderen austauschen zu können. Meine einzige richtige Gesprächspartnerin war die Polin – und das auch nur für zwei Kilometer. Bisher hat mir das nicht viel ausgemacht – ganz im Gegenteil, ich genieße es sogar, aber heute so ganz allein in meinem Zimmer ist es schon irgendwie ungesellig.

An meinem Fenster sammeln sich dicke Regentropfen, die der Wind unentwegt in langen Streifen auf dem Glas verteilt. Ich greife nach meiner Videokamera, stecke sie in die Steckdose und sehe mir mein bisheriges Rohmaterial an – genauso wie all meine Fotos. Es ist nicht vielmehr als eine Beschäftigung, eine Ablenkung von der Stille. Warum fällt es mir eigentlich so schwer, diese Ruhe zu ertragen? Liegt es daran, dass Menschen keine Einzelgänger sind? Oder gibt es in der Gesellschaft, in der ich lebe, nie wirklich Stille? Weiß ich deshalb nichts damit anzufangen? Ich weigere mich, das zu glauben. So reise ich doch seit Jahren immer wieder in entlegene Landschaften, atme klare Bergluft ein und erfreue mich an Gegenden, die menschenleer sind. Allerdings bin ich dort nie allein gewesen, hatte immer Begleitung – meistens von meiner Freundin Cornelia. Jetzt ist sie nicht hier. Tagsüber beim Wandern stört mich die stundenlange Verschwiegenheit doch auch nicht. Allerdings muss ich beim Laufen auf den Weg achten, mit meinen Fußschmerzen klarkommen und die verschiedenen Eindrücke, die mir die Natur schenkt, verarbeiten. Hier im Hotel sieht die Tapete an der Wand noch genauso aus wie vor einer halben Stunde. Und das ist wahrscheinlich der Punkt: Tatenlos an einem eintönigen Ort zu hocken, macht einsam. Allein am Meer entlangzuwandern, entspannt. Ich probiere der Öde etwas Positives abzugewinnen, indem ich versuche, Überlegungen für meine Wunschzukunft anzustellen. Aber nicht einmal das funktioniert. Wahrscheinlich ist es einfacher, über Aktivitäten in meinem Leben nachzudenken, wenn mein Körper selbst in Bewegung ist. Und das ist er im Moment nun einmal nicht. Ich blättere die Klatschzeitung ein drittes Mal durch und schließe gegen 21 Uhr die Augen. Sofort falle ich in einen festen traumlosen Schlaf.

Mit mir allein… Am Meer zu stehen und an nichts zu denken, tat gut. Unter einer Palme zu ruhen, war erholsam. In der Sommerhitze allein zu wandern, machte mir nichts aus. Aber bei schlechtem Wetter in einem stillen Hotelzimmer zu hocken, ist zermürbend und zeigt mir: Alleinsamkeit ist nicht unbedingt mit Einsamkeit gleichzusetzen, aber manchmal doch…

5. Pilgertag: Comillas-San Vicente de la Barquera Ein dicker Kuss auf die Nase (15,1km)

Ich kann es kaum glauben, als um 9:00 Uhr mein Handywecker klingelt. Da habe ich doch tatsächlich zwölf Stunden geschlafen und verspüre noch immer das Bedürfnis, mich wieder umzudrehen. Das mache ich aber nicht, sondern starte lieber ganz langsam in den Tag und laufe gegen 10:00 Uhr in Richtung Ortsausgang. Dort treffe ich auf Ingo und Angelika – ein deutsches Ehepaar. Er, kurze graue Haare, ist Polizist und sie, fesche Kurzhaarfrisur, arbeitet als Heilerin. Die beiden verbringen einen Teil ihres Jahresurlaubs auf dem Weg und haben nur noch ein paar Tagesetappen vor sich, dann müssen sie wieder nach Deutschland zurück. Gemeinsam laufen wir etwa eine Stunde, bis ich mich in einem Minidorf – oder vielmehr einer Ansammlung von Häusern – verabschiede, um zu frühstücken. Auf einer zerfallenen Mauer nehme ich Platz und beginne – unter den strengen Augen einer abgemagerten Dorfkatze – zu essen. Ab und zu werfe ich ihr ein paar Bissen meines belegten Brotes zu. Das Dorf wirkt verlassen und unnahbar, obwohl ich innerhalb von zwanzig Minuten bestimmt drei oder vier Menschen sehe. Es ist einer dieser Orte, der mich in seiner Trübheit anziehen und gleichermaßen abstoßen. Die Wolken ziehen in grauen Bahnen über den Himmel und die umliegenden Wiesen leuchten dunkelgrün.

Nach dem Essen fotografiere ich noch die Katze und laufe dann weiter, hinein in eine Hügellandschaft mit Meerblick. Ich atme die reine Luft ein und nach einer Weile schließe ich wieder zu Ingo und Angelika auf. Angelika erzählt mir, dass sie schon einmal in Indien war und in einem Ashram – einem klosterähnlichen Meditationszentrum – gelebt hat. Vier Wochen ihres Lebens verbrachte sie dort, arbeitete in der Küche mit, betete, meditierte. Einen Kulturschock hat sie nicht gehabt – sie fühlte sich Indien gleich verbunden.

Angelika überlegt, ob sie den Jakobsweg nicht einmal allein und in strengster Verschwiegenheit gehen sollte. Mit niemandem reden? Die gesamte Reise lang? Ein harter Vorsatz, finde ich. Ich glaube, ich würde irgendwann platzen, wenn ich mit niemandem reden dürfte. Zwar kann ich ganz gut schweigen und stille Landschaften genießen, aber wochenlang nicht zu sprechen, muss unglaublich anstrengend sein. Für mich machen die Gespräche und die Begegnungen ja gerade den Reiz des Jakobsweges aus. Wenn ich solch ein Experiment wagen würde, dann wahrscheinlich am ehesten im Rahmen eines Meditationsseminares. Gern würde ich mich mit jemandem unterhalten, der schon einmal solch eine Schweigeerfahrung gesammelt hat, und herausfinden, wie die Auswirkung auf die menschliche Psyche ist...

Wir erreichen San Vicente de la Barquera bereits um 13 Uhr. Der Ort liegt auf einer Halbinsel und schon von Weitem genießen wir einen traumhaften Ausblick auf die Häuser und Boote, die im Meeresarm schaukeln und bald auf dem Trockenen liegen werden, da sich die nächste Ebbe bereits schleichend ankündigt. In diesem Städtchen möchte ich unbedingt übernachten,

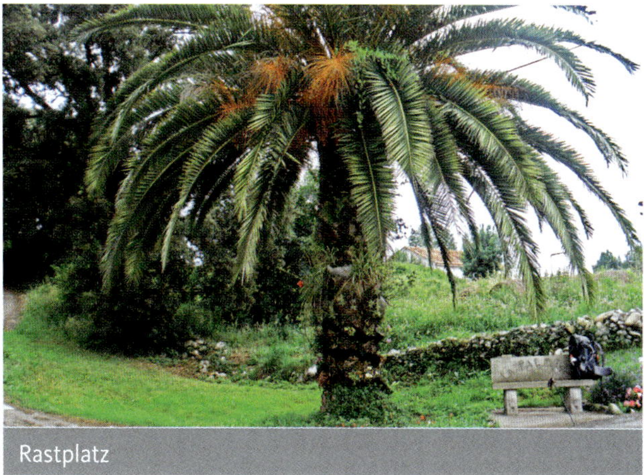

Rastplatz

auch wenn die heutige Etappe mit 15 Kilometern damit doch recht kurz ist. Der Autor meines Reiseführers schwärmt allerdings von der hiesigen Pilgerherberge. Er schreibt, sie gehöre für viele zu einer der Kultherbergen des Küstenweges. Sie sei einfach aber gepflegt und biete 46 Betten, Waschmaschine und Trockner, Internet, Aufenthalts- und Essraum, eine kleine Bibliothek und eine große Fotowand mit Bildern von Pilgern, die hier bereits übernachtet haben. Besonders das ältere Hospitaleroehepaar, das die Herberge betreibt, sei freundlich und biete gegen Spende ein Pilgermenü sowie Frühstück an. Ich bin neugierig.

Als Ingo, Angelika und ich ankommen, öffnet die Herberge gerade ihre Türen und bereits fünf andere Pilger warten auf Einlass. Wir beziehen unsere Betten und lassen uns die Herbergsregeln erklären, die sich hauptsächlich auf das gemeinsame Abendessen beziehen. Wenn man mag, kann man gern bei den Vorbereitungen mithelfen, erfahren wir. Zunächst aber mache ich mich frisch, stopfe meine wichtigsten Habseligkeiten in die leere Schlafsackhülle, die mir ein treues Handtäschchen geworden ist, und erschließe mir den Ort. Ich trinke Kaffee, laufe an der mittelalterlichen Stadtbefestigung und Burg entlang und besichtige letztendlich die gotische Kirche.

Kurz vor 19 Uhr kehre ich zurück, setze einen Fuß in die Großraumküche und erkundige mich freundlich, ob ich schon irgendwie helfen könne. Der weißhaarige Herbergsvater mit dem buschigen Schnauzbart kommt auf mich zu, nimmt meinen Kopf zwischen seine warmen Hände und drückt mir einen feuchten Kuss auf die Nasenspitze. „Natürlich kannst du helfen, mein Liebes!“, antwortet er und schiebt mich zur großen langen Tafel. Dann holt er einen Stapel Teller und zeigt mir so penibel genau, wie der Tisch gedeckt werden muss, dass er schneller wäre, wenn er es gleich selbst erledigen würde. Dennoch darf ich übernehmen und den Tisch weiter mit Geschirr bestücken. Allmählich stoßen immer mehr

Pilger hinzu und helfen beim Stühlerücken, Brotschneiden und Salatschnippeln.
Zum Abendessen sitze ich neben Ingo und Angelika und mir gegenüber befindet sich eine spanische Familie, die den Weg mit ihren Kindern geht – allerdings nur für einige Tagesetappen, bis sie in der Folgewoche ein Ferienhaus am Meer beziehen wird. Das Menü besteht aus Wein, Wasser, Salat, Brot, Käse, Kartoffel-Linseneintopf und Milchreis. Ich unternehme noch einen Verdauungsspaziergang, denn warmes Essen bin ich gar nicht mehr gewöhnt.
Halb zehn liege ich im Bett, schiebe mir die Ohrenstöpsel mal wieder besonders tief in den Gehörgang und lasse die aggressiven Schnarcher somit verstummen.

Mit mir allein… Nach der Stille im Hotelzimmer, tat es gut, gleich am Morgen Gesellschaft zu haben. Mich mit Angelika und Ingo zu unterhalten, war angenehm. Beim Frühstücken dann aber wieder allein auf einer alten Mauer zu hocken, war – trotz trüber Umgebung – nicht öde. Ich glaube, Alleinsamkeit ist eine Gratwanderung. Mal führt sie zu Einsamkeit, mal nicht.

6. Pilgertag: San Vicente de la Barquera-Llanes
Jetzt wird sie übermütig (41,1km)

Wie immer stehe ich auch heute Morgen auf, putze mir die Zähne und packe meine Sachen zusammen. Ich freue mich schon auf das Frühstück, das mich erwartet, und nehme an der langen Tafel Platz. Ein Teil der spanischen Familie sitzt bereits verschlafen dort und rührt in den Kaffee- bzw. Kakaotassen. Wenig später stoßen die anderen hinzu und gruppieren sich um mich herum, sodass es scheint, als wäre ich ein Teil der Großfamilie. Mir wird das Kakaopulver gereicht, die Butter hinüber geschoben und Marmeladen empfohlen. Ich biete hin und wieder den Brotkorb an und beteilige mich zeitweise an den eher knappen verschlafenen Morgengesprächen.

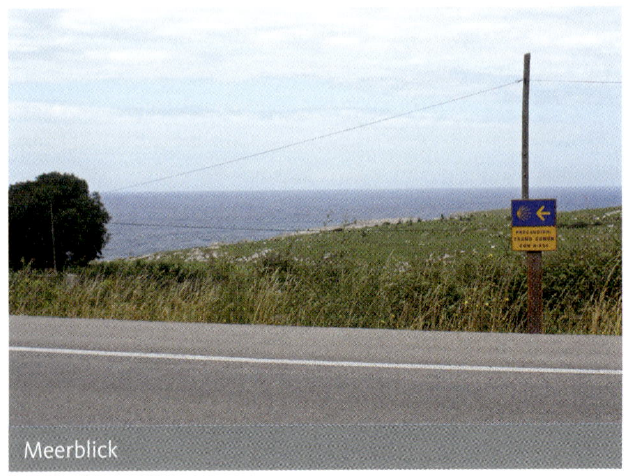

Meerblick

Die Etappe, die ich mir für heute vorgenommen habe, beträgt nur 18 Kilometer. Sollte ich bis zur nächsten Herberge weiterwollen, müsste ich noch 23 Kilometer draufpacken, was mir unvorstellbar erscheint. So beschließe ich, es ganz langsam angehen zu lassen, damit ich nicht erneut so früh am Ziel ankomme.

Gegen halb neun laufe ich los, es ist bewölkt und die Temperatur beträgt etwa 18 bis 20° Celsius, was zum Wandern angenehm ist. Vereinzelt kämpfen sich Sonnenstrahlen durch die Wolken. Sie streuen sich in hellem Licht über die grüne Berglandschaft und (Achtung, jetzt wird es lyrisch!) küssen die saftigen Hügel. Meine Frühstückspause mache ich nach acht Kilometern in Serdio, einem Ort mit einer Spelunke, in der ich der einzige Gast bin. Der Raum wirkt kalt und kahl mit seinen einfachen dunklen Tischen und Stühlen. Im Fernseher an der Wand läuft ein schrecklicher Schwarzweißfilm mit bedrohlich-trauriger Instrumentalmusik. Auch wenn ich mich hier überhaupt nicht wohl fühle, lasse ich mir Zeit – zumindest solange, bis ich dringendst den Kaffee „wegbringen muss". Zielstrebig folge ich dem WC-Zeichen, stoße die Tür auf und muss mich beinahe übergeben. Das Klo besteht lediglich aus einem Loch im Fußboden und das ist verstopft und überschwemmt. Pfui, hier kann ich nicht!

Ich weiß nicht, ob die verschmutzte Toilette der Auslöser für die Entscheidung ist, die ich nun fälle: Bis zu meinem geplanten Etappenende sind es nur noch knapp zehn Kilometer und es ist noch nicht einmal Mittag. Ich würde also wieder sehr, sehr früh ankommen. So entscheide ich mich tatsächlich bis Llanes zu gehen, was einer Gesamtetappe von mehr als vierzig Kilometern entspricht. Ich werde dafür lange brauchen, traue es mir aber zu. In meinem Reiseführer lese ich, dass man sich in der Herberge telefonisch ein Bett reservieren kann. Ich krame mein Handy hervor und rufe in der Albergue La Estación im ehemaligen Bahnhofsgebäude an. Die Reservierung klappt reibungslos und ich kann beruhigt weiterlaufen. Ich komme gut voran, auch wenn es teilweise sehr anstrengend ist, die harten Asphaltabschnitte einer Landstraße zu bewältigen.

Irgendwann lenkt mich der Anblick des Meeres ein wenig von dem festen Untergrund ab. Trotz der schönen Aussicht werden meine Beine nach 25 Kilometern bedeutend steifer und meine Füße pochen mal wieder vor Schmerz. In einem Dorf stürzt sich ein kläffender Hund auf mich und visiert meine überanstrengten Waden an. Kurz bevor er zuschnappen kann, erscheint sein Herrchen und scheucht ihn weg. Hätte er das nicht getan, wäre es mir beinahe schon egal gewesen, so kaputt und erschöpft bin ich.

Am Friedhof von Vidiago lege ich eine unvermeidliche Pause ein. Ungefähr zwei Kilometer später wird der Jakobsweg zu einer Piste, von der aus ich fantastische Blicke auf das Meer mit seinen Steilküsten genieße. Ich stoppe aber nur kurz, filme die landschaftlich reizvolle Kulisse und kämpfe mich dann weiter voran. Schließlich bleibt heute nicht allzu viel Zeit zum Trödeln, wenn ich irgendwann noch einmal ankommen möchte. Mir fällt auf, dass es mir ab einer zurückgelegten Strecke von 34 Kilometern wieder besser geht. Es scheint, als sei ich über einen bestimmten Punkt hinweg und könne nun besser mit der Anstrengung umgehen, die der zum Teil steile Weg mir abverlangt.

Sieben Kilometer vor Llanes stoppe ich in einer Bar und trinke eine eiskalte Cola. Es ist viertel sieben und ich hoffe, dass ich gegen 20 Uhr in der Herberge ankomme. Ich denke an nichts, bemühe mich, einfach nur weiter voranzukommen – was fast schon automatisch funktioniert. Natürlich ist mein Gang staksig und ich bin erschöpft, aber ich habe noch Energie.

Als ich Llanes endlich erreiche, werde ich mit einer tollen Sicht auf gezackte, scharfkantige Felsformationen, die wie Riesen im Meer liegen, belohnt. Am weißen Strand tummeln sich ein paar Badegäste. Es ist kurz nach halb acht und ich muss mich nun nur noch zur Herberge durchfragen und dann habe ich ihn geschafft, meinen Marathon.

Touristen wuseln durch den belebten Stadtkern des Ortes, der zu einem der bekanntesten Badeorte der asturischen Küste gehört. Ich finde einen Einheimischen, der mir den direkten Weg zu meiner Unterkunft beschreibt. Wie eine alte Frau schiebe ich mich voran, fest an meinen Wanderstab geklammert.

„Du siehst müde aus!“, ruft mir ein dunkelhäutiger Schönling zu und umkreist mich lächelnd auf seinem Fahrrad. Falls das eine Anmache sein soll, muss er wohl noch an seiner Wortwahl arbeiten. Knapp entgegne ich nur „Bin ich auch“ und steuere direkt auf die Herberge zu. Ich bezahle 15 Euro, bekomme dafür aber auch Einwegbettwäsche in die Hand gedrückt. Auf dem Weg in mein Sechsbettzimmer treffe ich auf Michaela, die kraftlos an einem Computer sitzt und ziemlich blass aussieht.

„Michi, wo habt Ihr denn gesteckt?“, erkundige ich mich nach ihr und Yvonne.

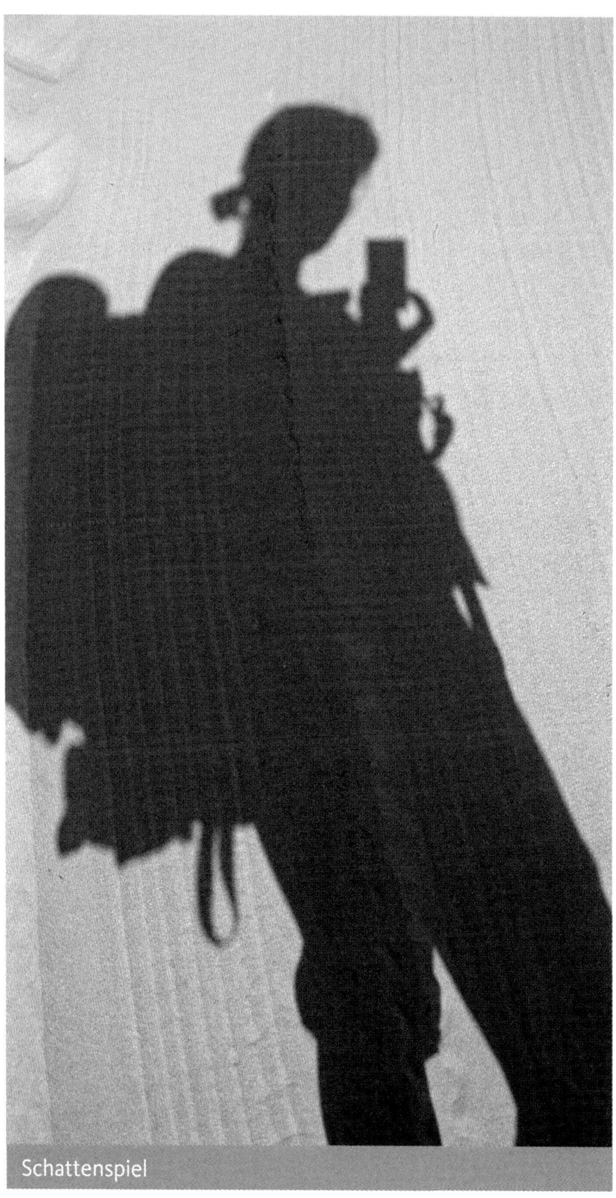

Schattenspiel

„Ach, frag nicht, wir haben uns etwas eingefangen. Seit knapp zwei Tagen müssen wir uns nur übergeben."

Instinktiv mache ich einen großen Schritt zurück. „Was Ansteckendes?"

„Ich weiß nicht, es betrifft noch vier andere, so auch Tim. Wir alle waren in der gleichen Herberge, in San Vicente de la Barquera und haben an dem gemeinsamen Essen teilgenommen."

„Komisch, ihr Armen, das tut mir leid. Ich habe da doch auch gegessen", fahre ich besorgt über meinen Bauch.

„Heute mussten wir trampen, weil wir überhaupt keine Kraft hatten zu laufen und nun kurieren wir uns hier aus. Yvonne schläft gerade."

„Okay, vielleicht sehe ich sie später noch. Ich gehe erst einmal duschen und einkaufen", verabschiede ich mich.

Ich belagere eines der unteren Betten, in der Hoffnung, dass es auch tatsächlich frei ist, wasche mich und meine verschwitzen Klamotten und frage mich zum nächsten Supermarkt durch. Auch heute muss ich mich wieder zum Essen zwingen. Es will einfach nicht rutschen. Das ist zwar unangenehm, aber immer noch besser als magenkrank zu sein. Ich kann mir vorstellen, wie schlecht es Yvonne, Michaela und Tim gehen muss. Hoffentlich bleiben mir solche Unannehmlichkeiten erspart.

Halb zehn steuere ich auf mein Bett zu. Meine Mitbewohner sind noch immer nicht in Sicht. Obwohl ich das Zimmer momentan für mich allein habe, misslingt es mir, gut einzuschlummern. Ich weiß nicht, wie ich mich hinlegen soll, damit ich keine Muskelschmerzen verspüre.

Es muss fast schon null Uhr sein, als das Zimmer geräuschvoll erobert wird. Ein junger Mann bezieht das Bett über mir und beginnt sofort lauthals zu schnarchen. Meine Gehörschutzstöpsel, die so tief im Ohr stecken, dass sie in der Mitte meines Kopfes wohl bald zusammentreffen müssen, vibrieren, so aggressiv röchelt der Typ vor sich hin. Das kann ja eine Nacht werden…

Mit mir allein... Heute setzte ich mich überhaupt nicht mit meiner Alleinsamkeit auseinander. Einen Marathon zu absolvieren, kostete mich Kraft und es kam einzig darauf an, immer nur weiter zu gehen. Schritt für Schritt.

7. Pilgertag: Llanes-Piñeres (22,9km) Das Geheimnis vom Magen-Darm-Virus

Meine Nacht war kurz und unruhig. Ich stehe auf, verfluche den Schnarcher und pilgere los. Es duftet nach frischer Morgenluft. Erfreut stelle ich fest, dass ich wieder in der Lage bin, schmerzfrei zu laufen. Die Nachtstunden waren sicherlich zu knapp, um einen echten Muskelkater entstehen zu lassen.
Nach einigen Metern auf einem Strandweg, steige ich Treppen und gelange hinauf auf die Uferpromenade Paseo de San Pedro. Ich zweige ein Stück nach rechts ab und erreiche einen Aussichtspunkt mit fantastischer Sicht auf die Steilküste und die Stadt Llanes, umgeben von ihrer mittelalterlichen Festungsmauer. Im Hintergrund ragen schroffe Berge in den blauen Morgenhimmel. Der Jakobsweg führt aber nach links auf der Promenade entlang und erreicht nach etwa einem Kilometer das Ortsende. Der nächste Ort, in dem ich eintreffe, ist Póo. Meine erste Pause und den damit verbundenen Frühstückskaffee erlaube ich mir aber erst in Celorio, nachdem ich ein bis zwei Wanderstunden geschafft habe. Heute ist Freitag, ich sitze auf einer Restaurantterrasse mit Meerblick und möchte mich für die gestrige Etappe belohnen. Der Milchkaffee, den ich bestelle, ist extragroß und dazu ordere ich Chocolate con Churros, eine spanisch Leckerei. Die Churros, ein Fettgebäck, werden in heiße, dickflüssige Schokolade getaucht und verschwinden dann direkt im Mund. Muss ich mehr sagen?
Bevor ich das Lokal nach einer Stunde wieder verlasse (Ja, es blieb bei einer Portion Chocolate!), besteht der Kellner noch darauf, mich zu fotografieren und mir seine E-Mail-Adresse auf eine Serviette zu schreiben.

So gegen Mittag, auf einem Waldstück, treffe ich auf eine alleinwandernde Spanierin mit Hut und großer modischer Sonnenbrille. Ihr Name ist Irene und sie lebt in Madrid. Jedes Jahr wandert sie einen Teil eines Jakobsweges und muss kommende Woche Samstag zurück nach Hause. Wir stellen fest, dass wir das gleiche Etappenziel haben, und verabschieden uns vorerst, da ich schneller laufe.

Etwas später, oberhalb der Küste, lege ich eine Pause ein, träume am Meer vor mich hin und bewundere die Surfer bei ihrem Tanz auf den schäumenden Wellen. Auf der Bank neben mir nimmt ein Mädel Platz – auch eine deutsche Pilgerin. Wir kommen ins Gespräch, denn sie möchte von mir wissen, ob ich ihre Freundin gesehen habe. Diese laufe heute nur sehr, sehr langsam, da sie eine Schienenbeinentzündung hat. Aus diesem Grund gehen sie getrennt und meine Gesprächspartnerin – Nina – müsste mittlerweile eigentlich einen deutlichen Vorsprung haben. Nach fast einer Stunde Wartezeit sorgt sie sich aber, Isabelle könne einen anderen Weg genommen haben – eine Abkürzung. Ich kann mich nicht erinnern, Isabelle gesehen zu haben, sitze allerdings schon länger mit dem Rücken zum Pilgerweg. Nina entschließt sich, noch ein paar Minuten zu warten, und wird dann ihr Handy einschalten, um Isabelle anzurufen. Ich wünsche ihr viel Erfolg und setze meine Wanderung fort.

Kurz vor Nueva stoppe ich an einem Baum, an dem zwei Frauen lehnen und sich auf Englisch unterhalten. Schnell stellt sich heraus: Eine von ihnen ist die vermisste Isabelle.

„Wieso bist du denn schon hier? Du warst doch weit hinter deiner Freundin Nina?“, will ich wissen.

„Du kennst sie?“, mustert mich Isabelle erstaunt.

„Ja, wir haben ein Weilchen zusammen auf dich gewartet.“

„Ich begreife das auch nicht“, lacht sie und fügt hinzu: „Ich muss wohl einen anderen Weg erwischt haben. Wir haben aber mittlerweile schon telefoniert und ich warte hier auf Nina.“

Die andere Frau steht auf, setzt ihren Rucksack auf die Schultern und stellt sich mir als Eila aus Finnland vor. Gemeinsam laufen wir los und winken Isabelle zu, die ja bald wieder von Nina begleitet werden wird. Eila ist gerade ziemlich aus dem Häuschen, da sie soeben einen Anruf von ihrem Sohn bekommen hat, der ihr ausgelassen von seiner Zusage zum Studium berichtete. Eila selbst lehrt in Helsinki Physik und Mathe, ist damit aber nicht so zufrieden. Im Spätsommer wird sich entscheiden, ob sie eine bestimmte Projektstelle, für die sie sich brennend interessiert, bekommen wird. Auf dem Jakobsweg jedenfalls fühlt sie sich von Tag zu Tag wohler. Ihre Etappen sind meistens großzügiger geplant als meine, sodass wir uns in Nueva verabschieden. Zügig verschwindet die fröhliche Frau mit den weißblonden Wuschelhaaren aus dem Ort. Dass sie den Weg mit zunehmenden Wanderkilometern immer mehr genießt, kann ich gut verstehen. Mein Traum vor ein paar Tagen hat ja ganz deutlich gezeigt, wie gut es auch mir geht und dass es schon ganz selbstverständlich geworden ist, hier zu sein und zu laufen. Tag für Tag.

In Nueva muss ich allerdings mal kurz anhalten, um Lebensmittel einzukaufen, da das in Piñeres nicht mehr möglich sein wird. Allerdings kommt mir die Siesta dazwischen. Alle Läden sind geschlossen und werden erst in zwei Stunden wieder öffnen. Ich suche mir einen Platz vor einer Bar und beschäftige mich mit einem Eis am Stiel. Da das aber keine zwei Stunden lang dauert, wird es bald ein wenig einsam. Vor ein paar Tagen unterhielt ich mich mit jemandem, der auch schon den Camino Francés gegangen war und im Vergleich dazu, hier das soziale Leben vermisst. Ihm war es bisher doch etwas zu menschenleer – zumindest tagsüber. Ich bin eigentlich ganz froh, dass dieser Weg noch nicht so populär ist, aber in Momenten wie diesem – in stundenlangen Zwangspausen – wäre ein bisschen Unterhaltung doch schön. Ich fühle mich ähnlich einsam wie im Hotel in Comillas – obwohl die Dorfstraße ein wenig spannender ist, als es die Tapete in der Pension war. Aber auch dieser Ort verändert sich nicht und da die Spanier ihr Nickerchen machen, kann ich nicht einmal Menschen beobachten und die Umgebung erscheint mir eintönig. Weil ich jetzt aber nicht in einem Zimmerchen hocke, sondern direkt auf dem Jakobsweg bin, löst sich die Langeweile schnell auf. Denn der Jakobsweg wäre nicht der Jakobsweg, wenn nicht genau jetzt Nina und Isabelle um die Ecke kämen und sich zu mir setzten. Ich freue mich riesig, sie zu sehen. Schnell merken wir drei, dass wir einen ähnlichen Humor haben, und verbringen eine sehr stimmungsvolle Pause miteinander.

Die beiden müssen ebenfalls noch einkaufen, sodass wir uns bald in der Nähe des Ladens positionieren und schon einmal die Aushänge studieren. Ein Tetrapak Rotwein für 88 Cent erweckt unsere Aufmerksamkeit, gilt für mich aber als untragbare Extralast. Schließlich müssen wir noch knapp drei Kilometer weiterlaufen, was wir auch gemeinsam tun.

In Piñeres angekommen, trennen sich unsere Wege. Ich habe mir in der Unterkunft von Rosa telefonisch ein Bett reserviert – was in einigen privaten Herbergen möglich ist. Allerdings liegen die Übernachtungskosten dort mit durchschnittlich 10 bis 15 Euro auch um das Doppelte bis Dreifache höher als in öffentlichen Pilgerunterkünften.

In diesem Fall lohnt es sich aber absolut. Ich wohne in einer Vier-Personen-Luxus-Residenz. Sofort kommt bei mir Bauernhofstimmung auf, als ich über den liebevoll gepflegten Hof zu einem gelb gestrichenen Anbauhaus gelange. Eine Küche, ein Bad, eine gemütliche Sitzecke vor sowie im Haus laden zum Rasten ein. Über eine Leiter geht es auf den Boden, auf dem vier Matratzen liegen. Alles ist urgemütlich eingerichtet und genauso freundlich wie die Atmosphäre sind auch meine drei Mitbewohner. Irene aus Madrid, die ich ohne Hut und Sonnenbrille beinahe nicht wiedererkannt hätte, ist ebenfalls hier und stellt mir Ricardo und seine Partnerin Maria vor. Sie stammt aus Estland, er ist gebürtiger Spanier. Vor einem Jahr haben sie sich auf dem Camino Francés kennengelernt und sind seitdem ein ausgesprochen harmonisch wirkendes Pärchen. Auf dem Küstenweg feiern sie dieses Jahr ihr einjähriges Kennenlernen. Was für eine romantische Geschichte, schwärmen Irene und ich. Unsere Konversation läuft ausschließlich auf Spanisch ab, da das die einzige Sprache ist, die wir alle vier beherrschen. Maria ist Violinenspielerin, Irene arbeitet im Gesundheitswesen und Ricardo hat seine Tätigkeit in der Wirtschaft aufgegeben, um nach dieser Reise zu Maria nach Estland zu ziehen. Dort wird er als Chorsänger anfangen. Was für ein Karrierewechsel!

Maria erzählt, dass sie eine derjenigen war, die nach dem gemeinsamen Pilgeressen eine Magen-Darm-Erkrankung hatte und sogar an Fieber litt. Erst seit heute geht es ihr wieder besser. Und sie ist auch diejenige, die das Rätsel um die Ursache auflöst: Ihrer Meinung nach lag es am Milchreis, der mit Frischmilch zubereitet wurde. Einige Menschen vertragen wohl nur die industrielle Milch und sind es nicht gewohnt, die natürliche unbehandelte Milch zu verarbeiten – was erklären würde, warum nur etwa sechs Personen von vielleicht zwanzig Pilgern betroffen waren. So Marias Theorie.

Apropos Gebrechen auf dem Jakobsweg: Irene erzählt, dass sie auf vergangenen Jakobswegreisen schon Menschen getroffen hat, die mit schwersten Verletzungen, wie zum Beispiel Knochenbrüchen weitergemacht haben. Was bewegt diese Menschen dazu? Da muss wohl ein unbändiger Wille im Spiel sein, Santiago zu Fuß zu erreichen. Ich wüsste: Mit einem gebrochenen Arm würde ich auch weiterpilgern, aber ein lädiertes Bein wäre ein klarer Grund aufzuhören – auch wenn ich den Weg mittlerweile so sehr lieben gelernt habe. Es gibt schließlich noch ein Leben nach dem Camino und das würde ich gern weiterhin mit gesunden Gliedmaßen verbringen.

Wir vier verleben einen sehr gesprächigen Abend miteinander und ich bin froh, soviel Spanischpraxis zu sammeln. Allmäh-

lich fühle ich mich sprachlich wieder ganz gut aufgewärmt und freue mich auf die lange Zeit, die noch vor mir liegt.
Gegen 22 Uhr kommen wir auf die spontane Idee, den Kühlschrank zu durchsuchen. Wir finden kalte Milch (Industriemilch!) und auf einem Regal daneben Kakaopulver und Kekse. Wir gießen die Milch in einen Topf und bereiten uns heiße Schokolade zu. Zufrieden sitzen wir am robusten Holztisch, schlürfen den Kakao, knabbern Kekse und lauschen dem Regen, der seit einer Stunde auf die Erde prasselt. Und wieder einmal koste ich mein Dasein in vollen Zügen aus.
Von der Milch ermüdet, kraxeln wir eine Stunde später in unser Schlaflager und verbringen eine sehr ruhige Nacht.

Mit mir allein... Beim Frühstücken genoss ich es, allein das Meer anzuschauen und dabei warmes Gebäck zu naschen. Als ich aber während der Siesta eine Rast einlegen musste, gefiel mir das überhaupt nicht. Warum? Ich denke, es lag daran, dass der ausgiebige Restaurantbesuch von mir frei gewählt war, während die Mittagszeit einer Zwangspause gleichkam. Mein Unmut darüber sorgte allerdings auch dafür, dass der Jakobsweg mir mal wieder verdeutlichen konnte, was ich an ihm so sehr schätze: Er erfüllt Wünsche und schickt Begleitungen.

8. Pilgertag: Piñeres-San Esteban (15,3 km) Verdammt, wo bin ich?

Heute ist er gekommen, der Tag, an dem ich mich hoffnungslos verlaufen werde.
Gegen 8:00 Uhr gehe ich los. Irene, Maria und Ricardo sind mittlerweile längst über alle Berge. Mit meinem Outdoorführer in der Hand informiere ich mich über den Wegverlauf und starte genau nach Anleitung. Etwa 300 Meter bin ich gegangen, als mir ein völlig verlebter Typ mit Rucksack entgegenkommt. Sein Gesicht ist rot, sein Blick ernst, sein Gepäck immens. Ich begrüße ihn knapp und biege links auf eine Piste ein, an deren

Gabelung sich eine Markierung befindet. Dann plötzlich höre ich, wie er mir forsch zuruft: „Nein, geh` da nicht entlang! Diese Straße musst du hochlaufen!"
Unsicher schaue ich in die Richtung, in die er weist und aus der er selbst auch gekommen ist. Ich frage mich, ob er ein Pilger ist, der aus Santiago zurückkehrt, oder ein Obdachloser. Eine Antwort habe ich nicht. Ich zögere, denn hier an meiner Piste ist ja eine Markierung. Und wieder ruft er: „Da, da hoch!"
Ich finde ihn ein wenig unheimlich. Er wirkt so rau, seine Gesichtszüge sind hart. Weit und breit ist niemand sonst. Es ist bewölkt und trüb, die Wege sind nass. Ich beschließe, seinen eindringlichen Rat zu befolgen, nicke kurz und laufe bergan die Asphaltstraße hinauf. Vorsichtig sehe ich mich noch ein-zweimal um. Er ist nicht mehr zu sehen. Auf dem Hügel angekommen, gibt es einen Weg, der in ein Dorf führt, und die Möglichkeit, der Straße noch weiter bergauf zu folgen. Ich weiß, dass ich eine Kirche passieren muss, und laufe deshalb in Richtung der trüben Ortschaft. An einer alten Stallanlage bleibe ich stehen. Ist da nicht gerade jemand hineingelaufen? Ich warte, bis ich einen Bauern entdecke.
„¡Buenos días!", schreie ich in den Flachbau hinein. „Bin ich hier richtig? Ich suche den Jakobsweg."
Er brabbelt irgendetwas und deutet in Richtung des Dorfes. Ich setze meinen Weg fort. Wegmarkierungen? Fehlanzeige! Langsam beginne ich zu verzweifeln und werde wütend auf mich selbst. Warum habe ich auf den Typen gehört und bin nicht dem Weg gefolgt, den ich für den richtigen gehalten habe?
Das Dorf ist menschenleer und wirkt abweisend. Und das dicke Wolkenkostüm am Himmel macht die Atmosphäre nicht freundlicher. Ich lese in meinem Wanderguide nach. An einem Waldpfad am Dorfrand bin ich der Meinung, eine Stelle gefunden zu haben, von der auch im Buch die Rede sein könnte. Zügig betrete ich den schmalen Weg und bin kurz davor loszubrüllen, als sich dieser wenig später in

dichtem Gestrüpp auflöst. Ein Stück kämpfe ich mich noch durch den grünen Bewuchs und kehre dann um. Jetzt nicht allein sein zu müssen, das würde helfen… Ich wusste doch, dass ich es überhaupt nicht mögen würde, mich zu verlaufen. Auf meinen bisherigen Reisen war Cornelia immer diejenige, die die Orientierung behielt. Wäre sie jetzt hier, ließe sich die scheinbar ausweglose Situation viel besser ertragen. Geteiltes Leid ist halbes Leid. Das klingt vielleicht abgedroschen, aber es trifft zu.

Stampfend verlasse ich den Wald und sehe mich um. Zwei weitere Wege liegen vor mir und ich habe keine Idee, welchen davon ich nehmen soll. Ich werfe meinen Rucksack ab, ziehe meine Wasserflasche heraus und trinke hastig daraus. Ich lege meine Stirn in Falten.

„Jetzt bloß nicht heulen!“, tadele ich mich, schlucke kräftig und hucke mir mein Gepäck wieder auf. Ich laufe ein Stück zurück und kann mein Glück kaum fassen, als ich endlich einen Menschen entdecke. Eine Bäuerin steht auf einem üppig bewachsenen Feld und zieht Unkraut heraus. Als sie mich erblickt, kommt sie mir sofort bereitwillig entgegen und hört sich meine Frage nach dem Jakobsweg an. Als sie entgegnet, dass sie von dessen Verlauf keine Ahnung habe, muss ich gegen die heiß aufsteigende Flüssigkeit in meinen Augen kämpfen. Mit gesenktem Kopf bedanke ich mich und drehe mich um. Plötzlich durchfährt es mich. Der Name der Kirche, an der ich vorbeikommen muss, schießt mir durch den Kopf.

„Und die Kirche von Pría liegt wo?“, rufe ich.

Sie weiß es und schickt mich durchs Dorf zurück, zu der Straßengabelung, an der ich vor einer Stunde das erste Mal gegrübelt habe, welchen der beiden Abzweige ich nehmen soll. Deutlich aufgemunterter kehre ich dorthin zurück, verlasse das Dorf und laufe die Straße weiter bergan. In meinem Handbuch steht, dass sich von der Kirche aus eine fantastische Sicht auf die Berge bieten soll. Schritt für Schritt wird die Aussicht tatsächlich immer besser, was mir das Gefühl gibt, endlich richtig zu sein. Als ich an einer weißen Mauer den schwarzen Schriftzug „Camino Santiago“ entdecke, flippe ich vor Erleichterung beinahe aus. Ich werfe mir den Rucksack von den Schultern und fotografiere meinen erhobenen Daumen neben der Markierung.

An der Kirche vorbei, führt mich der Weiterweg links am Friedhof eine einfache Piste bergab. Eine einfache einsame Piste. Im nächsten Dorf angekommen, freue ich mich riesig, mal wieder einen Menschen – einen Einheimischen - zu sehen. Alles kommt mir heute so besonders leer und verlassen vor. Vielleicht liegt es am trüben Wetter und dem schlechten Start heute Morgen.

Darüber denke ich allerdings nicht lange nach, denn schon sehr schnell fühle ich mich völlig erschöpft. Ich habe überhaupt keine Lust zum Wandern und der Weg ist nicht nur für die Füße ein Kampf, sondern auch emotional eine Herausforderung. Jeder Schritt ist einer zu viel. Mitten auf einem Weg lasse ich mich auf meinen Rucksack fallen und kaue in Zeitlupe an einem Müsliriegel. Ich habe keinen Bock mehr! Aber was

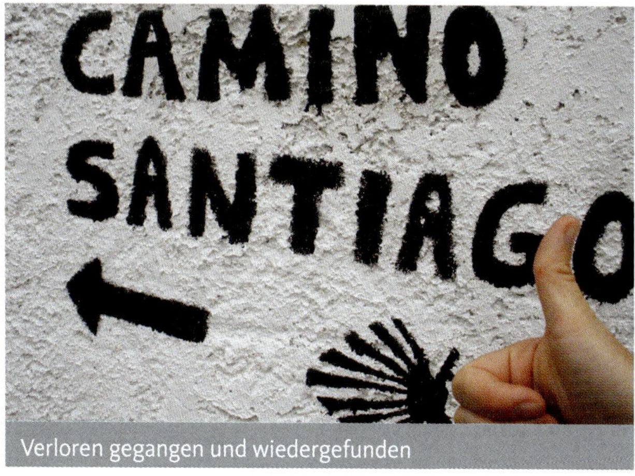

Verloren gegangen und wiedergefunden

soll`s? Sitzen bleiben wird mich nicht weiter bringen. Keine Lust zu haben, gehört zu solch einer Reise dazu, ermutige ich mich und schleppe mich nach Ribadesella.
Dort angekommen verpasse ich es, die belebte Atmosphäre zu genießen, und schlurfe direkt in einen Lebensmittelladen, in dem ich mich mit einem Schokoriegel belohne. Gierig reiße ich das Papier auf und schiebe mir die süße Masse in den Mund. Gedankenverloren schaue ich auf Ricardo und Maria, die auch vor dem Laden stehen.
„He!", freuen wir uns über das Wiedersehen und tauschen uns über unsere Etappenziele aus.
„… nur noch bis San Esteban", nuschle ich ermattet.
„Wir wollen noch weiter bis La Isla", erzählt Maria.
Wir wünschen einander einen guten Weg.
Meiner führt mich zunächst direkt in ein Café, in dem ich mir die absolut notwendige Koffeinspritze verpassen lasse und die restliche Schokolade vollständig vertilge.
Mein gesamter Körper scheint heute zu schwächeln. Ich fühle mich vollkommen energielos. Ob die Marathonstrecke vor ein paar Tagen dafür verantwortlich ist? Nur noch fünf Kilometer, tröste ich mich, bezahle meine Rechnung und verlasse den Ort über eine sehr langgezogene Strandpromenade. Die Sonne scheint ein wenig, dann beginnt es zu regnen. Auf einer Bank streife ich mir und meinem Rucksack die Regenbekleidung über. Fünf Minuten später stoppt der Regen, ich beginne zu schwitzen, halte wieder an und ziehe meine Jacke aus. Beim Verstauen meiner Sachen kommt eine Frau auf mich zu. Ihre Haare sind braun und lang, ihr Alter beträgt etwa 60 Jahre.
„Aus Deutschland?", sie fasst an meinen Unterarm und sieht mir tief in die Augen.
„Ja", antworte ich.
„Ich habe mal in Hamburg gelebt", entgegnet sie gebrochen. Dann sucht sie nach etwas in ihrem Portemonnaie und hält mir einen Anhänger unter die Nase. Ich sehe mir das kleine Kreuz an. Sie fährt fort: „Ich bin den Jakobsweg auch schon

gegangen." Ich nicke anerkennend. Dann umfasst sie erneut meinen Arm. „Schönes Mädel, läufst du ganz allein?" Wieder nicke ich, nur dieses Mal etwas verunsichert. „Sei vorsichtig! Überall gibt es Gauner! Sie geben sich als Pilger aus, sind aber sehr böse Menschen!", hebt sie ihre Augenbraue und durchbohrt mich mit einem stechenden Blick.

„Na, schönen Dank, so eine Aussage hat mir heute noch gefehlt!", denke ich und kann nicht vermeiden, an den ungepflegten Typen von heute Früh zu denken.

„Vorsicht, Vorsicht!", entfernt sich die Dame von mir.

Ihre Worte hallen in meinem Kopf wider, als ich mich durch Nieselregen eine Asphaltstraße bergauf kämpfe. Die Frau hat mir Angst eingejagt. Wie nur soll ich jetzt damit fertig werden? Ich lege meine Handflächen ineinander: „Gibt es nicht irgendwo einen anderen echten Pilger, der mich von meiner Furcht ablenkt? Ich suche jemanden, der mit mir Gauner in die Flucht schlägt und Orientierungsfehler ausbügelt. Bitte!" Flehend sehe ich in den wolkenverhangenen Himmel.

Erschöpft erreiche ich die Herberge, die ausgerechnet heute sehr einsam gelegen ist. Ich laufe um das Haus herum, rüttele an einer der Türen und sehe mich suchend um. Wenn jetzt hier auch keine Menschen sind, schleppe ich mich mit letzten Kräften noch zwölf Kilometer weiter bis zur nächsten Herberge. Allein möchte ich hier auf keinen Fall bleiben.

Der Regen wird wieder stärker und außer dem Herbergsgebäude, einer Kirche und einer Bushaltestelle scheint es nichts zu geben. Geisterdorf-Fantasien drängen sich unweigerlich in meinen Kopf. Und dann plötzlich öffnet sich eine Tür und Isabelle und Nina lachen mich an.

„Ihr seid auch hier?", ich hüpfe dreimal auf der Stelle und eile zu ihnen in die Herberge. Schon zum zweiten Mal befreien sie mich aus meiner Einsamkeit.

„Wir waren die Ersten!", erwidern sie.

Erleichtert setze ich mich erst einmal zu ihnen, statt gleich unter die Dusche zu rennen. Die beiden berichten mir von ihrer Unterkunft in Piñeres. Dort, wo ich mit Irene, Ricardo und Maria diese wunderbare Luxusnacht genoss, sind sie ein paar Meter weiter in einer heruntergekommenen Herberge gelandet. Ich wusste gar nicht, dass der Ort noch eine zweite Unterkunft hat. Rosa, diejenige, die die gemütliche Herberge betreibt, ist wohl auch verantwortlich für die Bruchbude, von der Nina und Isabelle erzählen. Mit offenem Mund ekele ich mich vor den Fotos, die sie mir zeigen. Neben einem Toilettenbecken klafft eine schwarze Stelle. Schimmel? Eine fehlende Wand? Alles ist möglich.

„Geduscht haben wir dort nicht!"

Ich reiche ihnen die Kamera und rappele mich auf.

„Die Dusche hier ist um Welten besser!", lobt Nina die sanitären Anlagen.

Mit meinem giftgrünen Mikrofaserhandtuch bewaffnet, verschwinde ich ins Bad. Als ich zurückkehre, regnet es ziemlich heftig.

„Wo wollt Ihr denn morgen hin?", möchte ich wissen.

„Wahrscheinlich nach Sebrayo", entgegnet Isabelle.

Ich nicke. „Was haltet ihr davon, mal zusammen zu laufen? Ich brauche dringend Gesellschaft", gestehe ich.

Sofort willigen sie ein. „Das müsste doch ganz gut passen, so vom Tempo und auch vom Humor!", freuen wir uns.

Die Herberge füllt sich. Irgendwann sitze ich zusammen mit Isabelle, Nina, Irene aus Madrid, einem kräftigen Finnen und einem Spanier zusammen und genieße den Abend eines Tages, der nicht so ganz nach meinem Geschmack verlaufen war.

Für Isabelle und Nina ist es die zweite Pilgerreise, die dieses Mal allerdings mit knapp zwei Wochen Wanderzeit bedeutend kürzer sein wird als ihr Debüt auf dem Camino Francés. Sie erinnern sich noch an viele spannende Begegnungen. So lernten sie ein Mädel kennen, dessen Rucksack mit 17 Kilogramm Gepäck recht umfangreich gefüllt war. Eben weil er so schwer war, hatte sie ihn via Autotransport von Herberge zu

Herberge chauffieren lassen. Das wurde ihr schnell zu teuer, weshalb sie einen Teil ihrer Ausrüstung per Post nach Hause schickte. Einen Tag später, ihre Kleidung hing zum Trocknen auf der Leine, wurden all ihre Habseligkeiten gestohlen… Es gibt tatsächliche Leute, die gezielt Pilger ausrauben. Beängstigend.

Ich versuche mit Isabelle einen Vergleich zwischen den beiden Pilgerreisen zu ziehen, was in meinem Fall eigentlich unmöglich ist. So reise ich unter völlig anderen Bedingungen: allein statt zu zweit, schlafe in Herbergen statt im Zelt, wandere an der Küste statt im Land. Isabelle sagt, sie hätte bei der ersten Pilgerreise über alles Mögliche nachgedacht und ihr Gehirn lief auf Hochtouren; dieses Mal aber denkt sie an nichts. Sie wollte so vieles mit sich klären und erntet nur Leere. Erstaunt mustere ich sie, denn mir geht es ähnlich. Die erste Pilgerreise hatte eine bunte Gedankenlawine in meinem Kopf ausgelöst und jetzt gleicht der Bereich über meiner Stirn einem ziemlich leeren Raum. Die Zeit vor meinem Aufbruch war turbulent, stressig und nervenraubend. Und die Zeit danach ist weitestgehend ungewiss. Statt das Gewesene zu realisieren und mich auf das Kommende gedanklich einzustimmen, ist mein Kopf in dieser Hinsicht bisher ziemlich gedankenfrei. Seltsam. Wir beide kommen zu dem Schluss, dass das wahrscheinlich auch seine Richtigkeit haben wird. Erzwingen können wir schließlich nichts. Erholen wir uns also.

Alles andere als erholt sieht meine tschechische Bekanntschaft Ivana aus, die abends, völlig durchnässt, die Herberge betritt. Sie beginnt zu strahlen, als sie (m)ein bekanntes Gesicht entdeckt. Freudig umarmen wir uns.

„Du glaubst gar nicht, wie sehr ich mich freue, Menschen zu sehen – und dann auch noch jemanden, den ich kenne!" Völlig gelöst nimmt sie Platz. „Ich war für zwei Tage im Nationalpark Picos de Europa und fand nichts Günstiges für die Nacht."

Gespannt sehe ich in ihre dunklen Augen.
„Die Gegend ist landschaftlich echt eine Reise wert, aber der Regen und die Einsamkeit waren schon irgendwie zermürbend. Vor allem die Nächte…“, fährt Ivana fort.
„Wieso, wo hast du denn geschlafen?“, will ich wissen.
„Einmal unter einer Holzbank und einmal unter meinem Poncho. Wenn ich nicht gerade damit beschäftigt war, Regenwasser abzuschöpfen, habe ich den Geräuschen gelauscht. Mitten in der Nacht vernahm ich ein lautes Grunzen und hörte, wie ein Tier, schwerer als ein Reh, durchs Gehölz kam und nahe meines Schlafplatzes schnüffelnd und brummend stehenblieb.“
Mit aufgerissenen Augen starre ich Ivana an, denn ich erinnere mich an einen Prospekt aus der Pension in Comillas. In der Broschüre wurde für die Picos geworben – und das unter anderem mit Fotografien von Bären.
„Ja, ganz vereinzelt gibt's die Tiere da oben schon noch“, klinkt sich Andres, der Spanier, ein.
„Meint ihr…?“, Ivana verstummt schockiert. Als sie ihre Sprache wiedergefunden hat, grunzt und brummt sie wie ein Bär, lacht laut und bereitet sich sogleich ein großzügiges Abendessen zu.
22 Uhr erscheint die Herbergsmutter und scheucht uns ins Bett. Draußen gießt es seit Stunden in dicken Strippen. Ich komme kaum in den Schlaf, weil einige Schnarcher mal wieder mehr Lärm machen, als meine Ohrenstöpsel verarbeiten können.

Mit mir allein… Heute erfuhr ich, wie schrecklich sich Verlaufen anfühlt. Ich war den Tränen nahe. Und das eigentlich nur, weil ich in dieser festgefahrenen Situation allein war. Hinzu kam Wut auf mich selbst, da ich mich von dem verlebten Wanderer von meinem Weg abbringen ließ. Ich wusste doch eigentlich ganz genau, wohin ich wollte. Warum dann also die Entscheidung, dem Fremden zu glauben? Wahrscheinlich, weil er mir

zu aufdringlich war und ich mich ein wenig vor ihm fürchtete. Apropos Furcht: Dank der spanischen Dame musste ich diese heute doppelt erfahren. Ich habe nun Angst vor Gaunern.
Aber weil nie alles schlecht sein kann, zum Schluss noch das Positive: Dazu zähle ich den gesprächigen Ausklang des Tages und die Erkenntnis, dass ich Zukunftspläne nicht erzwingen kann und möglicherweise auch hier bin, um mich zu erholen.

9. Pilgertag: San Esteban-Sebrayo (27,6km) Wir schwimmen ins Ziel

Es schüttet noch immer wie aus Eimern als ich nach einer geräuschvollen Nacht die Augen öffne und hoffnungsvoll nach draußen schaue.
Wie alle anderen auch, trödele ich langsam vor mich hin, in der Erwartung, es könne doch noch aufhören zu regnen. Ninas und Isabelles Motivation, bei dem Wetter fast dreißig Kilometer zu wandern, geht gegen Null. Sie überlegen, bis in den nächsten Ort mit dem Bus zu fahren. „Wir müssen ja sowieso in einigen Tagen zurück und wollen uns nicht noch vorher eine Erkältung einfangen!“, argumentieren sie.
„Hm, ihr habt Recht“, grübele ich. „Busfahren möchte ich aber nur, wenn es absolut sein muss. Ich will Santiago ja zu Fuß erreichen.“ Neben mir schlüpft Ivana gerade unter ihren Regenponcho. Ich sehe sie an. Ich will nicht mehr allein wandern. Dazu haben die Ereignisse des gestrigen Tages beigetragen. Und heute soll es - laut Buch - auch noch steile Wegpassagen geben, die nach Regenfällen gefährlich glatt sein können.
„Ivana, wollen wir gemeinsam starten?“, schlage ich vor.
„Klar, gern“, stimmt sie lächelnd zu.
Ich hatte mich zwar darauf gefreut, den Tag mit Nina und Isabelle zu verbringen, aber bin nun auch sehr froh darüber, Ivana besser kennenlernen zu können. Sie war mir schon bei unserer ersten Begegnung in Polanco sehr sympathisch.

Wir setzen die Füße auf die völlig überschwemmte Straße vor der Herberge und stellen uns der heftigen Dauerdusche. Trotz Regenschutzes sind wir nach einer Viertelstunde schon fast vollständig durchnässt. Mir tropft das Wasser direkt in die Unterwäsche. Wie es da hineinkommt, weiß ich nicht. Ein unangenehmes Nässegefühl stellt sich ein, als wir irgendwann komplett durchgeweicht sind – nasser geht es nicht mehr, trösten wir uns und singen im Wechsel deutsche und tschechische Lieder. Auch wenn das Wetter so schlecht ist, mit Ivana macht das Wandern dennoch riesigen Spaß.

Nach zwölf Kilometern, kurz vor La Isla, lässt der Regen ein wenig nach. Wir streifen die Kapuzen von den Köpfen und schauen uns die raue Meereslandschaft an. Die grauen, schäumenden Wellen und die schroffen Steilküsten sind unsere Begleiter auf dem Weg in ein verglastes Café an der Strandpromenade von La Isla. Ivana und ich haben den größten Kaffeedurst, den man sich nur denken kann, und stürmen die Lokalität. Wir tropfen den gesamten Fußboden voll, als wir uns entkleiden und unsere Sachen auf den Stühlen ausbreiten. Zufrieden schlürfen wir heißen Milchkaffee.

„Weißt du was?“, beginnt Ivana. „Ich bin so froh, dass wir heute zusammen laufen. Ich habe dringend Gesellschaft gebraucht und es mir gestern geradezu gewünscht.“

Erstaunt mustere ich sie. Ich lächle: „Geht mir genauso, ich habe den Himmel über mir förmlich nach einer Begleitung angefleht.“ Wir bestellen eine weitere Tasse Kaffee und plaudern über die Heimat und was wir dort machen. Wir tauschen vergangene Reiseziele und -erfahrungen aus und genießen es, langsam zu trocknen.

Als es fast nicht mehr regnet, brechen wir auf – oder vielmehr: schwimmen los. Bereits wenige Meter nach unserem Start finden wir uns vor einem Bach wieder und fragen uns, wo der Weg wohl hin ist.

„Ich glaube, das ist der Weg!“, Ivana deutet auf die Wassermassen.

„Meinst du?“, ich sehe an meinen Beinen hinab zu den festen Wanderschuhen.
Ivana, die in Sandalen läuft, tritt in die Fluten und setzt sich in Bewegung, um die Strecke auszukundschaften. Nach drei Minuten höre ich sie rufen: „Sieht so aus, als wäre das tatsächlich der richtige Pfad!“
Ich folge ihr durch das beinahe knietiefe Wasser und erlebe den Superlativ von „nass sein“. Wasser dringt in meine Schuhe, durchweicht die Socken und umspült meine Zehen. Hach, wie schön!
Nach ein paar Metern wird der Weg aber trockener und somit leichter begehbar und besitzt auch wieder Markierungen. Dennoch schlaucht die Strecke enorm. Ständig müssen wir aufpassen, nicht auszurutschen auf den zum Teil sehr glatten Abschnitten. Ich bin wirklich ziemlich erledigt, als wir Sebrayo erreichen. Ivana fotografiert mich, wie ich halbtot auf meinem Bett liege.
Zum Abend ist das Wetter so sehr aufgeklart, dass wir auf den Holzbänken vor der Herberge sitzen können. Andres vom Vorabend ist auch hier, kauft der Herbergsmutter Getränke ab und lädt Ivana, die Kanadierin Katey und mich auf eine Cola ein. Katey hat ein freches Gesicht mit großen unschuldigen Augen, dicke lange blonde Haare, stammt aus Toronto, zeichnet ihre gesamte Reise via iPhone auf und postet die Clips täglich auf Facebook. Ihre Angehörigen haben ihr nämlich nicht zugetraut, so einen Outdoortrip erfolgreich über die Bühne zu bringen. Und nun revanchiert sie sich mit witzigen Storys und Updates zu ihrem körperlichen und emotionalen Zustand. Heute ist der Geburtstag ihres Bruders und sie bittet Andres, Ivana und mich, gemeinsam mit ihr, für ihn zu singen. Sie hält das iPhone hoch in die Luft und wir trällern fröhlich in die Kamera und prosten mit Cola. Als ich von meiner Begegnung mit dem verlebten Pilger, der mir seinen Superweg aufgezwungen hatte, berichte, durchsucht Katey ihre Handyfotos: „Hier, ist er das?“ Sie hält mir das Gerät vor die Nase.

„Ja! Genau. Du hast ihn auch gesehen?“, will ich wissen.
Katey nickt: „Er wirkte auch auf mich etwas seltsam. Soweit ich es verstanden habe, ist er aber tatsächlich ein Pilger und befindet sich auf dem Rückweg von Santiago.“
Ich finde es erstaunlich, dass es Leute gibt, die diese Distanz doppelt zurücklegen. Wenn ich Santiago erreiche, platze ich bestimmt vor Stolz und werde kaum Lust verspüren, zu meinem Ausgangsort zurückzulaufen.
Ich freue mich, als Ricardo und Maria auftauchen und es sich mit uns gemütlich machen. Es nieselt ein wenig, aber davon lassen wir uns nicht stören. Zu schön ist es, gemeinsam vor der Herberge zu sitzen, zu lachen, an den (eigenen!) Füßen herumzumassieren und den Abend in vollen Zügen auszukosten. Und Morgen geht es dann einfach weiter in den nächsten Ort. So ist das hier auf dem Jakobsweg. Aber eigentlich ist es generell im Leben ja nicht anders: Ich bewege mich immer weiter, bleibe nicht auf der Stelle stehen. Tag für Tag, Kilometer für Kilometer und Ziel für Ziel.

Mit mir allein… Von Furcht, Einsamkeit oder Wut war heute keine Spur. Ich erkannte, dass man zu zweit weniger allein durchnässt ist und mir die Gesellschaft von Ivana kostbar war. Gemeinsam ertrugen wir den Regen und akzeptierten die Nässe mit Humor und Gesang. Was mir der morgige Tag bringen wird, weiß ich noch nicht. Nur eines steht fest: Es wird weitergehen.

10. Pilgertag: Sebrayo-Deva (28,6km)
Aus Eins mach Sechs!

Meine Matratze ist so stark durchgelegen, dass ich die ganze Nacht in einer tiefen Kuhle geschlafen habe. Erstaunlicherweise taten mir die Beine beim Liegen aber gar nicht weh. Scheinbar hatte ich eine gute Position in meinem tiefen Matratzenloch, aus dem ich sowieso nicht herausgekommen wäre.

Alles in allem bin ich in einer guten körperlichen Verfassung, stelle ich fest und sehe an mir hinab. Ich habe keine Zerrungen, Entzündungen, Prellungen oder sonstiges. Lediglich die Haut an meinem Arm pellt sich beinahe vollständig, meine Achillessehnen sind etwas geschwollen und an meinem Becken habe ich leichte Blutergüsse und Abschürfungen vom straff sitzenden Rucksackbeckengurt. Aber wenn es weiter nichts ist… Los geht's also!

Ich starte in einen diesigen Tag. Die Kanadierin Katey und die Turteltauben Ricardo und Maria sind schon weg. Ivana und der Spanier Andres sind noch dabei, sich anzuziehen. Ich winke ihnen zum Abschied. Warten, bis auch sie startklar sind, möchte ich nicht. Wenn es so sein soll, dass wir zusammengehen, wird sich das fügen, da bin ich mir sicher. Erzwingen möchte ich ihre Gesellschaft nicht. Der Jakobsweg wird diejenigen, die zusammengehören, ganz von selbst zueinander führen. Das haben mir meine bisherigen Reiseerfahrungen deutlich gezeigt.

Für etwa zwei Kilometer laufe ich auf einer Straße teilweise steil bergauf und beginne zu schwitzen. Bevor die Fahrbahn in einen Waldweg mündet, halte ich an und ziehe mir die Regenjacke aus. Von Weitem sehe ich, wie Andres sich herankämpft. Ich will auf ihn warten. Das mache ich auch und als er bei mir angekommen ist, entledigt er sich ebenfalls einer Kleidungsschicht und wir laufen gemeinsam weiter.

Nach insgesamt sechs Kilometern machen wir in Villaviciosa eine Frühstücks- und Kaffeepause. Auf unserem Weiterweg stelle ich fest, dass sich das Laufen automatisiert. Beinahe mühelos bewege ich mich voran. Nichts schmerzt, nichts drückt, nichts ist ermüdet. Befreit setze ich einen Fuß vor den anderen. Ich bin bestimmt lange genug unterwegs, um allmählich eine gute Pilgerfitness zu entwickeln. Leider ist mein Wanderpartner nicht ganz so ausgelassen. In seinem Schuh ist etwas, das ihn stört. Wir stoppen, er streift sich die Boots von den Füßen und begutachtet eine prall gefüllte Blase unterhalb

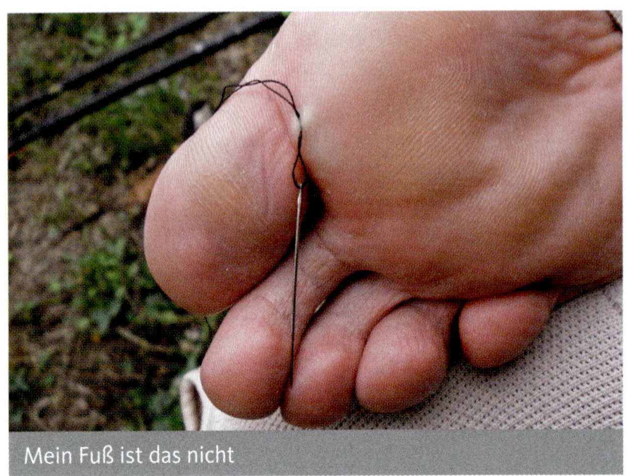

Mein Fuß ist das nicht

seines großen Zehs. „Die Blase ist der Tod des Pilgers", predigt er theatralisch, schiebt seine schwarze Brille nach oben und sticht den Störenfried auf. Dann zieht er einen Bindfaden durch die Haut und wartet bis die Flüssigkeit aufgesogen ist. In diesem Moment erscheint Ivana, begutachtet den Operationsverlauf und setzt sich zu uns.

Nach einer Weile, als es beginnt kühl zu werden, setzen wir unseren Weg zu dritt fort. Meine Leichtigkeit von vorhin schwindet rapide, denn die Tour führt über sehr stark ansteigende Waldwege durch die wolkenverhangene Bergwelt und wird körperlich sehr anstrengend. Nadelbäume säumen die Ränder der scheinbar unbefahrenen Straße. Der Himmel mahnt mit Nieselregen und unsere Mägen drohen mit Hunger. Einstimmig suchen wir uns eine Stelle zum Pausieren. Jeder packt sein mitgebrachtes Baguette aus, belegt es mit Wurst und Käse. Andres reicht seine Coladose herum und bietet uns Meeresfrüchte aus der Konserve an. Der kühle Wind kriecht unter die Kleidung. Schweigend essen wir. Umgeben von den grünen Bergen, den massigen Wolken und der Stille, fühle ich mich wie in eine mystische Filmlandschaft versetzt. Fehlt nur noch, dass Wölfe heulen und ein Bär durchs Unterholz schleicht…

Kauend starre ich in die Natur, höre auf meinen immer ruhiger werdenden Herzschlag und beobachte eine zunehmende Gänsehaut auf meinen Unterarmen. Fröstelnd verstaue ich die restlichen Nahrungsmittel in einer Plastiktüte. Mit steifen Fingern mache ich einen Knoten in die Trageschlaufen. Erstaunt sehe ich auf, als ich eine bekannte Stimme vernehme. Das hochgewachsene schwäbische Tuppermädchen Yvonne steht vor uns, setzt den Riesenrucksack ab, rollt ihre Isomatte aus, platziert sich neben uns und atmet tief durch. „Ich brauche erst einmal eine Rast." Geduldig knotet sie ihre Schnürsenkel auf.

„Wo ist denn Michaela?", mustere ich Yvonnes rote Wangen.

„Och, die hat weiter unten im Tal solange an ihren Haaren herumgefummelt, dass ich einfach schon einmal vorgegangen bin. Ich muss ja nicht dabei sein, wenn sie an ihrer Hochsteckfrisur bastelt", lacht Yvonne.

„Aha." Ich sehe sie an: „Und gesundheitlich seid ihr wieder fit?"

„Ja, soweit geht es uns gut. Nach drei Tagen haben wir endlich wieder alles drin behalten." Sie zieht den Reißverschluss ihrer grellpinken Regenjacke zu. „Ich muss mich erst einmal um meine Füße kümmern und eine Weile rasten."

Ivana und Andres haben inzwischen wieder alles zusammengepackt. Auch ich stopfe meinen Proviant in den Rucksack und lasse den Klickverschluss einrasten.

„Wird kalt, nicht wahr?", entgegnet Andres. Ivana und ich nicken bestätigend. Wir drei setzen unsere Wanderung fort und winken Yvonne zum Abschied.

Die gesamte Strecke, die wir uns so mühsam bergauf erschlossen haben, geht es nun bergab – zuerst auf der ruhigen Asphaltstraße und dann über teilweise sehr rutschige Wege.

Im Tal angekommen, finden wir uns in einem Meer aus irreführenden Markierungen wieder. Diverse gelbe Pfeile deuten in die verschiedensten Richtungen. Wir entscheiden uns für eine Passage und stecken wenige Meter später im nächsten Markierungs-Wirrwarr. Andres stoppt einen betagten Herrn auf seinem Minitraktor und erkundigt sich nach der Richtung. Der Mann zuckt mit den Schultern. Ich blättere in meinem Outdoorführer und lese etwas über eine Streusiedlung namens Peón.

„¿Peón? Da entlang!“ Der Alte wirft den Motor seines Traktors an und tuckert davon.

Beim Weiterwandern rätseln wir über den Ursprung der vielen Markierungen und kommen zu dem Schluss, dass es wohl noch andere Wanderwege geben muss. Verwirrend ist nur, dass diese ausgerechnet mit gelber Farbe gekennzeichnet sind.

Weil Ivana und Andres genauso kaffeesüchtig sind wie ich, halten wir uns eine Weile im Außenbereich einer Bar auf und belohnen uns mit dem heißen, duftenden Getränk. Um uns herum torkeln Spanier mit roten Nasen und zerfurchten Gesichtern. Gegen einen Nachmittagsdrink hatten die Herren scheinbar nichts einzuwenden. Derjenige von ihnen, der am meisten schwankt, steuert zielstrebig auf ein Auto zu und fährt damit los. „Wir sollten ihm einen großen Vorsprung lassen“, nicken wir einander einstimmig zu und sehen dem abfahrenden Wagen nach.

Völlig überraschend tauchen Maria und Ricardo auf. Jubelnd begrüßen wir einander. Ich hätte schwören können, die beiden waren längst weg, als ich heute Morgen aufbrach…

Genüsslich lutscht Maria an einem Eis und freut sich darüber, dass so klitzekleine Dinge wie eine Süßigkeit sie glücklich machen können. „Das ist doch das Tolle am Pilgern…“, schaut sie in die Runde. „Kleinigkeiten, die man daheim kaum zu schätzen weiß, gewinnen hier an Bedeutung.“ Lächelnd fährt sie sich mit der Zungenspitze über die Oberlippe.

Ricardo und Andres drehen sich gerade eine Zigarette, als auch Yvonne wieder zu uns stößt. Nun sind wir schon zu sechst. Und zu sechst setzen wir unsere Wanderung auch fort.

An feuerroten Blumen vorbei und mit Sicht auf grüne Hügel gehen wir unserem Tagesziel entgegen. Yvonne, die schon seit Stunden kein Lebenszeichen mehr von Michaela bekommen hat, setzt sich langsam ab. „Ihr lauft sowieso schneller als ich und vielleicht holt Michaela mich noch ein", meint sie.
Der Himmel zieht sich bedrohlich zu, als wir Deva erreichen. Hier gibt es einen Campingplatz, auf dem einige Hütten extra für Pilger reserviert sind. Wir erschrecken, als sich herausstellt, dass von 36 verfügbaren Betten nur noch vier frei sind. Was soll denn dann mit Michaela und Yvonne passieren?
Kaum haben wir diesen Satz ausgesprochen, erscheint Michaela frisch geduscht neben uns.
„Was machst du denn schon hier?", verdutzt starre ich sie an.
„Nachdem Yvonne und ich uns getrennt haben, bin ich vom Weg abgekommen und musste letztendlich auf der Landstraße direkt hierher laufen. Und das war wohl bedeutend kürzer.", fügt sie hinzu.
„Das heißt du hast einen Schlafplatz… aber Yvonne…?"
„Keine Sorge, ich konnte zwei Betten ergattern", entgegnet Michaela.

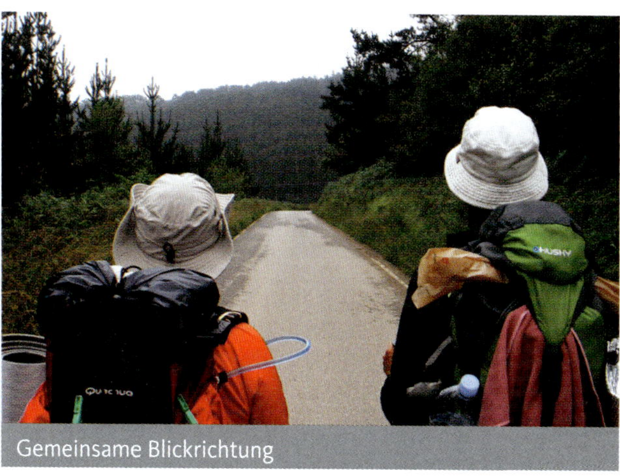

Gemeinsame Blickrichtung

Es beginnt heftig zu regnen, als auch ihre Tupperpartnerin endlich die Rezeption erreicht.
Erleichtert beziehen wir unsere schnuckligen Holzhütten. Ich muss an eine Klassenfahrt in den Harz denken, als ich meinen Schlafsack im Bett unter Ivana ausrolle. Dort schliefen wir in ähnlichen Häusern. Einzig die Gesellschaft hier ist deutlich multikultureller. In unserer Hütte wohnen außer uns noch zwei US-Amerikaner sowie ein ungarisches Pärchen. Ivana und ich stellen uns vor und rennen dann durch den strömenden Regen zu den Sanitäranlagen.
Es gewittert, als wir nach dem Duschen in das Campingrestaurant stürmen und uns zwei Tassen heißen Kaffee bestellen. Wir warten auf den Rest unserer Wandergruppe, von der nur noch Yvonne und Michaela erscheinen.
Ein paar Stunden später flitzen wir durch den Regen zurück zu den Behausungen und kuscheln uns in die Schlafsäcke.

Mit mir allein… Ich lief allein los – ohne mir großartig Gedanken darüber zu machen, was ich davon hielt. Es war für mich selbstverständlich, so zu handeln. Als ich dann wenig später mit Andres weiterpilgerte, erschien mir das ebenso natürlich und passend. Nachdem Ivana, Ricardo, Maria und Yvonne hinzugekommen waren, glich die Wanderung einem Gruppenausflug, den ich sehr genießen konnte. Warum? Weil ich ihn mit Menschen verbrachte, die erkannt hatten, dass Pilgern bedeutet, sich über Kleinigkeiten, wie Eiscreme, zu freuen.

11. Pilgertag: Deva-Gijón (8,0km)
Ich mache eine Pause!

Ich schlüpfe in meine Wandersocken, die vom Schweiß schon ganz fest geworden sind. Mit muffelnden Klamotten Teile eines Landes per pedes zu durchqueren, ist nicht immer komfortabel. Aber ich tue es und das sogar zum wiederholten Male. Und warum? Weil es aufmerksam macht. Nur mit dem

Nötigsten ausgerüstet, lerne ich Kleinigkeiten intensiver zu schätzen. Ich kann mir gut vorstellen, wie sehr ich es daheim genießen werde, aus meinem Kleiderschrank zwischen mehr als zwei Oberteilen wählen zu können. Aber es sind nicht nur diese materiellen Dinge, die ich durch das einfache Pilgerdasein besser wahrnehme. Das simple Leben verdeutlicht mir vor allem, wie gut es mir geht. Ich bin gesund, meine Familie und Freunde sind es auch. Ich bin zuhause willkommen, nach jeder Rückkehr werde ich mit offenen Armen und lachenden Gesichtern empfangen. In meinem Land herrscht keine Waffengewalt, schwere Naturkatastrophen bleiben aus und ich darf meine Meinung frei äußern. Ist doch klasse, nicht wahr? Warum sich dann über Belanglosigkeiten (rein objektiv betrachtet) aufregen? Natürlich passiert mir Letzteres auch selbst, vor allem, wenn ich mich in meinem „Alltag“ bewege. Aber jede neue Reise, die ich beginne, erinnert mich wieder daran, manches etwas entspannter anzugehen und die Dinge so zu akzeptieren, wie sie sind. Und dazu gehört auch Regen – im Leben ebenso wie in Spanien.

Mittlerweile habe ich das Himmelswasser als einen Teil meiner Reise erkannt und laufe mit Andres und Ivana bei wirklich heftigen Niederschlägen los. Ich trage Regenjacke und -hose während Andres und Ivana unter großen Ponchos an kleine Zwerge erinnern. Es ist schwer zu sagen, welche Form des Regenschutzes die bessere ist, denn irgendwann sind wir alle klitschnass. Die Wassermassen sind einfach stärker als Gore-Tex und Co.

In Gijón angekommen, stürmen wir das erste Café, das in seiner Speisekarte Chocolate von Churros anbietet, und breiten unsere Sachen zum Trocknen aus. Ivana hat die spanische Süßigkeit noch nie probiert, sodass wir eine Familienportion ordern und genüsslich in die heiße zähflüssige, aromatische Schokolade dippen. Ich recherchiere für Ivana noch den kommenden Wegverlauf, denn sie wird weiterpilgern, während Andres und ich in dieser Stadt einen Pausentag einlegen wollen.

Gegen 11:00 Uhr verabschieden wir uns von Ivana, deren Gesellschaft Andres und ich vermissen werden. Über die lange Strandpromenade verschwindet sie in der dichten Regenfront, bis nichts mehr von ihr zu sehen ist.
Wir hingegen steuern auf die dunklen Gassen des Stadtkerns zu und betreten die erste Ein-Sterne-Pension, die wir finden können. Eine Diva, die garantiert älter aussieht, als sie ist, öffnet uns eine schwere Holztür. Eine dichte Wand aus Zigarettenrauch klatscht uns in die Gesichter. Die faltige Lady mit den langen strohigen Haaren hält eine Zigarette zwischen ihren grellrot bemalten Lippen. Sie pustet fetten Qualm aus. „Wollt ihr ein Zimmer?"
Wir husten: „Eigentlich schon."
Andres bittet um Eintritt. Wir klären auf, dass wir kein Pärchen sind und zwei Einzelzimmer haben wollen.
„So, so", quittiert sie unsere Aussage und geleitet uns in zwei verschiedene Zimmer. Eines davon ist hell und besitzt einen Erker, der andere Raum ist dunkel und trist.
Andres drückt den Preis auf zwanzig Euro pro Raum und handelt eine Gratiswäsche für unsere Kleidung aus. Was die Zimmerwahl angeht, lässt er mir Entscheidungsfreiheit. Und da ich von uns beiden die Frau bin und er der Gentleman ist, entscheide ich mich für das Erkerzimmer. Dafür lasse ich ihn zuerst das Etagenbad aufsuchen und begutachte meine Wohnumgebung. Das Bett wirkt auf den ersten Blick ganz ordentlich, aber richtig sicher, wie frisch bezogen es ist, bin ich nicht, sodass ich meinen Schlafsack oberhalb des Deckbetts ausbreite. Ein bräunlich verfärbtes Waschbecken ziert die Wand neben der Tür und durch die Erkerfenster tönt lauter Straßenlärm, entstanden in der engen, lichtarmen Gasse vor meinem Fenster. Eine Möwe sitzt auf dem Dach am Gebäude gegenüber. Fast könnte ich sie greifen, so schmal ist der Abstand. Noch immer klatschen dicke Tropfen unablässig vom Himmel.
Ich suche meine schmutzigen Sachen zusammen (also fast alles, das ich besitze) und husche damit in das freigewor-

dene Bad. Dort stopfe ich sie zu Andres` Kleidung in die Maschine und steige zum Duschen in eine Badewanne mit Kunststoffvorhang. Erfrischt folge ich dann den Zigarettenrauchschwaden über den Flur und bitte die Diva darum, dass sie die Waschmaschine anstellt. Mit Andres vereinbare ich ein Wiedersehen zum Wäscheaufhängen und verschwinde dann in mein Privatreich und schließe die Augen.

Möwengeschrei und Autolärm wecken mich aus meinem Mittagsschlaf. Genüsslich strecke ich mich, stehe langsam auf, betrete den Flur und steuere auf die Waschmaschine zu. Bevor ich das Bad erreiche, sehe ich zwei Mädels die Diele entlanglaufen. Als wir einander erkennen, juchzen wir laut und fallen uns stürmisch um die Hälse. Es sind Nina und Isabelle. Dass wir uns wiedertreffen, ist eigentlich aus genau zwei Gründen beinahe unmöglich:

1. Die beiden wollten an dem schlimmen Regentag mit dem Bus fahren und müssten dementsprechend viel weiter sein.
2. In dieser 275.000-Einwohner-Stadt gibt es deutlich mehr als eine Pension.

Aber es ist die Realität. Fassungslos schütteln wir die Köpfe. Wir können kaum glauben, dass wir nun doch noch die Gelegenheit haben, Zeit miteinander zu verbringen. Mit der Busverbindung hatte es an dem Regentag nicht geklappt wie geplant, sodass die beiden nicht ganz so viel Strecke überspringen konnten wie gewollt. Und nun sind sie hier, im letzten Ort ihrer Pilgerschaft. Morgen schon fahren sie zurück nach Santander und werden am Tag darauf nach Deutschland fliegen.

Ich gehe zu Andres ins Zimmer, der unser Jubelgeschrei längst durch seine verschlossene Tür vernommen hat. Wir entladen die Waschmaschine und Andres versucht der Diva eine weitere Wäsche für die beiden Mädels zu entlocken.

„Das ist doch kein Waschsalon hier. Ich habe da bei euch eine Ausnahme gemacht“, brummt sie, lässt sich aber breitschlagen.

Während die Maschine also ein zweites Mal vor sich hin rotiert, basteln wir in meinem Zimmer an einer Wäscheleine, die sich vom Erker über mein Bett zum Schrank erstreckt. Als am Ende auch noch alle Kleidungsstücke meinen Schlafraum schmücken, machen wir uns auf den Weg zu einem Stadtbummel.

Wir unternehmen nur einen einzigen Schritt aus der Unterkunft heraus und flippen sofort aus. Es regnet nicht mehr und eine kleine blaue Stelle zeichnet sich ganz deutlich am Himmel ab. Wir springen auf und ab, schreien und führen uns auf, als hätten wir noch nie eine Wolkenlücke gesehen. In dem Moment, in dem ein Sonnenstrahl an unseren Nasenspitzen kitzelt, ist es ganz um uns geschehen. Wie verhungert stehen wir an der bebauten Strandpromenade und gieren nach den vereinzelten Wärmestrahlen. Schon seltsam, wie sehr uns das Wetter beeinflusst. Die Formel ist eigentlich ganz einfach: Sonne = gut und Wohlbefinden, Regen = nass und stimmungstötend. Aber wie gesagt, auch Regen gehört dazu – bereits eine Viertelstunde später.

Wir flüchten in ein Café und dann in eine Bar, in der wir Sidra verkosten. Dieser Apfelmost hat seinen Ursprung bei den alten Ägyptern und Griechen. An der gesamten spanischen Nordküste wird er gern getrunken und auch in einer ganz besonderen Weise eingeschenkt: Er wird aus der Flasche heraus in einem weiten Bogen in das Glas gegossen. Auf diese Art soll möglichst viel Sauerstoff in den Apfelmost gebracht werden, damit sich der Geschmack vor dem Trinken noch verbessert. Der Barmann füllt das Glas immer nur mit einer geringen Menge, die wir sofort austrinken müssen, damit sich das Aroma nicht verliert. Sonderlich hochprozentig ist der Drink mit seinen sieben Prozent zum Glück nicht und auch nicht sehr teuer. Die Flasche kostet insgesamt nur 2,50 Euro.

Halb neun sind wir zurück in der Pension. Ich krabbele in meinen Schlafsack und beobachte die Shorts, Shirts und Unterhosen meiner Mitpilger, die auf der Leine über meinem

Bett baumeln. Ich schätze das Alleinsein gerade sehr – ganz anders als in der Pension in Comillas. Denn es ist nur die Nacht, die ich allein verbringe. Den Tag habe ich dank Andres, Ivana und den beiden Mädels sehr gesellig verlebt.

Mit mir allein... Einen gesamten Tag lang allein sein, bei Regen in einem Einzelzimmer hocken und auf die Nacht zu warten, ist nicht mein Fall. Das weiß ich längst. Wenn das Ganze aber andersherum verläuft, gefällt es mir. Also tagsüber Gesellschaft zu haben und ausschließlich in der Nacht allein zu sein, kann großartig sein.

12. Pilgertag: Gijón-Avilés (25,4km)
Und morgen? Was passiert morgen?

Weil wir uns so gut verstehen und Lust auf noch mehr Wandergesellschaft haben, beschließen Andres und ich, die heutige Etappe von vornherein und komplett gemeinsam zu gehen.
Von Isabelle und Nina verabschieden wir uns und spazieren durch die Stadt zum Ortsrand, wo wir eine einvernehmliche Kaffee- und Frühstückspause einlegen. Und dann geht es, bis auf ganz wenige Ausnahmen, nur noch durch hässliche Industrielandschaften, direkt an befahrenen Straßen entlang. Erst ist es bewölkt, dann regnet es und dann hört es wieder auf, dann regnet es erneut, hört wieder auf, regnet, regnet nicht, regnet. Wir ziehen die Jacken an, ziehen sie aus, ziehen sie an, ziehen sie aus, ziehen sie an. Ein ewiges Wechselspiel.
Als es zum Mittag gerade mal nicht nieselt, setzen wir uns auf eine Bank, mit Blick auf eine Schafwiese. Das Besondere an den Tieren: Sie bewegen sich nicht. Erst als der Schäfer erscheint, rennen sie verwirrt umher. Der Mann verschwindet und die Schafe erstarren, als hätte jemand von „Play“ auf „Pause“ gestellt. Er kommt zurück, sie rennen wieder aufgeregt durcheinander. Seltsam, für uns aber sehr amüsant.

Andres streckt mir einen Beutel mit Nüssen entgegen, ich biete ihm Kekse an. Wir stellen fest, dass unsere Pilgerrhythmen sich ähneln und wir ein gutes Wanderpaar sind. Vielleicht werden wir noch ein paar Tage zusammenbleiben. Ich habe das Gefühl, dass ich mich der Gesellschaft eines warmherzigen und humorvollen Wanderpartners nicht widersetzen sollte. Ich möchte mich zwar meiner Alleinsamkeit stellen, aber es spricht nichts dagegen, auch mal einen Wegbegleiter zuzulassen. Egal, ob es um den Jakobsweg oder um meinen Lebensweg geht: Ich bestimme, wie ich ihn gestalte und mit welchen Menschen ich ihn teile.
Andres und ich steuern Avilés an, eine Großstadt, die von ihrer industriellen Gegenwart und Vergangenheit geprägt sein soll. Laut Handbuch soll die dortige Herberge einfach, feucht, aber geräumig sein und die Sanitäranlagen gelten als verbesserungswürdig. Nun ja. Die Sonne hat sich herausgekämpft und wir zögern unsere Ankunft mit einer weiteren Pause hinaus.
Gegen 16:30 Uhr sind wir tatsächlich am Ziel und überzeugen uns von Schimmel und abgeplatzter Tapete im Massenschlafsaal. Mir ist das egal. Solange ich ein Bett in Bodennähe habe, ist alles gut. Und nun zu den Waschräumen: Das Duschen fällt heute mal aus. Nachdem Andres und ich einen zaghaften Schritt ins Bad gewagt haben, stellen wir urplötzlich fest, dass wir heute nun wirklich kaum geschwitzt haben.
Stattdessen schlendern wir in die Altstadt, die wir viel schöner finden als alles andere, was wir während dieser Etappe gesehen haben. Bei Kaffee und Keksen vereinbart Andres telefonisch ein Date mit Bekannten, die direkt am Jakobsweg wohnen und deren Heimatstadt wir morgen durchqueren werden.
„Was hältst du davon mitzukommen?“, lädt er mich ein.
„Morgen? Klar, gern“, freue ich mich über die Möglichkeit, mehr Einheimische kennenzulernen.
„Vielleicht holen uns meine Bekannten auch heute noch zum Abendessen ab, oder wir frühstücken bei ihnen und morgen Abend besuchen wir einen Freund meiner Familie. Oder…“

Ich blicke gar nicht mehr durch, wann er, wo, bei wem mit mir sein will. Sein Telefon klingelt. Ich verstehe nicht alles, er spricht schnell und um uns herum ist es laut. Er legt auf.
„Und?“, bohre ich nach.
„Ach, weiß noch nicht“, Andres fährt sich über die dunklen Haare neben seinen Geheimratsecken.
Ich nippe an meinem Kaffee und merke, dass ich gerade dabei bin, eine Lektion zu lernen. Sie heißt: „Ungeduld überwinden!“ Ich fühle mich unbefriedigt, weil ich nicht weiß, was in den nächsten Stunden oder am kommenden Tag passieren soll. Und genau das will ich ja auf dieser Reise herausfinden: Was bringt mir die Zukunft? Bisher ist es mir noch nicht gelungen, den Masterplan für mein Leben zu entwerfen. Wie unerfreulich. Ist es das wirklich? Fühle ich mich tatsächlich so schlecht deshalb? Was mir die Zeit nach dem Studium bringen soll, frage ich mich. In den letzten langen Monaten habe ich zwar Pläne entwickelt, die wirklich gut sind, mich an diesen dann aber auch mal schnell festgebissen. Und nun bin ich in Spanien, schlendere mit einem Pilgerfreund längst durch die Altstadtgässchen von Avilés, suche Postkarten aus und merke, dass es mich gar nicht mehr so fertig macht, nicht zu wissen, was morgen ist. Ich fange an zu verstehen, dass es manchmal einfach unmöglich ist, herauszufinden, was die Zukunft bringen wird. Ständig strikt zu planen, kann keinesfalls das goldene Lebensrezept sein. Es ist doch viel besser, hin und wieder ein paar Ideen zu entwickeln, sie im Auge zu behalten, auf ihren Bestand zu prüfen und gegebenenfalls wieder loszulassen, um Raum für Neues zu schaffen. Weniger Verbissenheit und mehr Coolness täten mir wirklich gut.
Das klingelnde Handy von Andres reißt mich aus den Gedanken. Er spricht eine Weile. Ich höre ganz bewusst nicht zu. Er legt auf. Plötzlich hat er einen festen Plan. Jetzt doch? Er teilt mir mit: Heute bleiben wie hier, morgen frühstücken wir in Salinas im Hause seiner Bekannten, dann pilgern wir weiter und treffen uns abends an der Jugendherberge in Esteban de

Pravia mit Jaime, um mit ihm in einem Restaurant zu essen. Ich lächele und merke, dass noch viel Arbeit vor mir liegt, denn ich freue mich insgeheim viel zu sehr über diesen festen Plan.

Mit mir allein… Plane nicht, lebe! Dieses Motto hin und wieder zu meinem eigenen zu machen, ist sinnvoll, denn es wird immer wieder Lebenssituationen geben, die ich nun einmal nicht kontrollieren kann. Eine auf den ersten Blick banale Unterhaltung führte dazu, dass ich mir künftig mehr Gelassenheit erlauben möchte. In Gesellschaft eines anderen Menschen wurde mir also eine wichtige Erkenntnis zuteil. Ob ich auch allein (wandernd) zu diesem Ergebnis gekommen wäre?

13. Pilgertag: Avilés-San Esteban de Pravia
Ein alter Pilgerhut und ein Oktopus (23,4km)

Trotz der Wühlgeräusche von etwa sechzig Pilgern habe ich sehr fest geschlafen und will um 7:00 Uhr eigentlich noch gar nicht aufstehen. Aber wir erwarten ja ein tolles Frühstück und diese positive Aussicht lässt uns gegen 8:00 Uhr beherzt loswandern.
Der Weg aus der Stadt heraus ist mit seinen hübschen Altstadtstraßen bedeutend schöner als die gestrige Ankunftsroute. Und als wir dann von einem Berg aus auf die weite Strandpromenade von Salinas blicken, sind wir entschädigt für den Industrie- und Straßenlärm von gestern. Und wenn ich jetzt knusprige Croissants und warme Toastscheiben ins Spiel bringe, ist das noch besser. Nicht wahr? All das und noch mehr gibt es nämlich bei Mauricio und Gloria, einem Rentnerehepaar, wohnhaft in einem riesigen Apartment mit Meerblick. Ich werde genauso herzlich empfangen wie Andres und dazu ermahnt, auch wirklich genügend zu essen. So eine Pilgerreise ist schließlich sehr anstrengend, weiß Mauricio, der früher selbst gepilgert und Mitglied eines Pilgervereins

war. So erscheint er plötzlich mit zwei braunen Filzhüten, wie sie die ersten Wallfahrer trugen. Er setzt sie Andres und mir auf die etwas zu groß geratenen Köpfe und Gloria fotografiert uns.

Das Gleiche tun auch wir, nachdem wir uns verabschiedet haben und mit gut gefüllten Mägen zum Weg zurückgekehrt sind. Lachend schießen wir Selbstbildnisse von unseren fröhlichen Gesichtern. Beim Weiterlaufen stellt sich leider heraus, dass die Hüte mit ihren Krempen gegen die Rucksäcke stoßen und uns die Kopfbedeckungen ständig über die Augen rutschen. Weil das sicherlich eher dusselig aussieht und wir schlecht sehen können, halten wir an. Mit seiner selbstgedrehten Zigarette im Mund bastelt uns Andres aus Bindfaden und Hölzern eine clevere Konstruktion, mit der wir unsere Andenken materialschonend an den Rucksäcken befestigen können.

Der Weiterweg führt uns an einem Flüsschen vorbei, das sich durch eine sanfte Wiesenlandschaft zieht. Dann passieren wir strahlend blaue Blumen und Andres steckt sich und mir eine Blüte ins Haar bzw. – in seinem Fall – hinters Ohr. Wir gehen hinauf und hinab, hinauf und hinab und erfreuen uns an der Berglandschaft. Wir durchschreiten Eukalyptuswälder und wandern über schmale Wege, geschmückt mit endlos langen Baumwurzeln, über die wir steigen müssen, um voran zu kommen.

Unsere mittlerweile heißbegehrte Picknickpause machen wir in einem Örtchen mit weiter Sicht auf das saftig frische Spanien. So lässt es sich leben… Unsere Beine baumeln von der Steinmauer, auf der wir sitzen. Erstmalig führen wir bei dieser Pause sehr persönliche Gespräche und erzählen einander vom heimischen Privatleben.

Andres ist Ende dreißig und seit einigen Jahren Single. Er hatte mal eine feste Freundin, die ihn aber so sehr verändert hat, dass er seine eigene Familie vernachlässigte. Aus diesem Grund trennte er sich von jener Partnerin. „Sie hat mir nicht

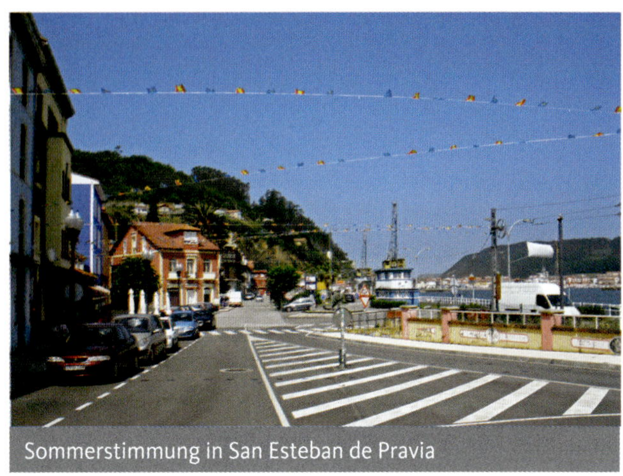
Sommerstimmung in San Esteban de Pravia

gut getan und ich war mir selbst nicht mehr treu“, gibt der Familienmensch zu. „Wenn die Richtige kommt, dann ist das schön, aber überstürzen werde ich nichts. Ich habe liebevolle Eltern, meine Geschwister und zuckersüße Nichten“, lächelt Andres.

Die Sonne scheint kräftig und wärmt unsere Gemüter, als wir gegen 16:00 Uhr in San Esteban de Pravia ankommen. Das bezaubernde Küstenörtchen ist mit bunten Wimpeln geschmückt, die zusammen mit dem blauen Himmel eine schöne Szenerie bilden. Es ist Fiesta-Zeit, sodass die Dekoration der Vorbote ausgelassener Feierlichkeiten sein muss. Andres und ich steuern auf die Herberge zu und wir sind sehr froh, gestern schon reserviert zu haben, weil das Hostel bereits jetzt restlos ausgebucht ist. Wir bekommen ein Doppelzimmer mit Ehebett aufgedrückt, was mich nur insofern beunruhigt, als Andres zu den besonders aggressiven Schnarchpilgern gehört. Ein eigenes Bad entschädigt für diesen Umstand.

Frisch duftend erkunden wir den Ort mit seinem kleinen Hafen, schlendern zum offenen Meer und warten ab 20:00 Uhr auf Jaime – den anderen Freund von Andres` Familie. Geplant ist, dass wir essen gehen, was mich erfreut, da ich hungrig bin. Als Jaime, ein hochgewachsener, grauhaariger Mann in

einem edlen Anzug gegen halb neun ankommt, lotst er uns gezielt in eine Bar und erwähnt dabei das Wort „Tapas". Tapas sind kleine Appetithäppchen, die oftmals zu Wein und Bier gereicht werden – etwas Essbares also. Als wir auf der Terrasse dieser Bar sitzen, bestellt Jaime Bier – ein guter Anfang. Dann aber, und jetzt wird es wirklich tragisch, passiert: Nichts mehr! Niemand ordert Nahrung und mir steigt mein kaltes Bier sofort zu Kopf – so auf leeren Wandermagen. Ich habe arge Probleme, mich auf die spanische Konversation zu konzentrieren, und könnte schwören, das ein oder andere Mal nur nichtssagend zu grienen. Die Speisekarte lächelt mich an und ich will gerade den Vorschlag machen, Oliven und Brot zu bestellen, als Jaime sich plötzlich erhebt. Sein „¡Vamos!" erreicht mich nicht nur in Zeitlupe, sondern irritiert mich auch zusehends.
„Wo gehen wir denn hin, wollten wir hier nicht etwas essen?", würde ich am liebsten laut ausrufen. Und da haben wir es wieder: Geduld Mady, Geduld! Jaime geht mit uns in eine andere Lokalität, in der man „wunderbar speisen kann". Erleichtert nehme ich Platz und rufe mir in Erinnerung, dass die Spanier bedeutend später dinieren als wir Deutschen. Und auch viel reichhaltiger, wie sich bei Oktopus, Fischpastete, Rindersteak, Fischbällchen und weiterem herausstellt.

Mit mir allein... Ich darf nicht vergessen, dass ich gelassener werden wollte. Heute Abend war dieser Vorsatz beinahe schon wieder aus meinem Gedächtnis verschwunden und dabei ist doch ganz klar, welche Feststellung ich gewonnen hatte. Sie lautet: Plane nicht, iss!

14. Pilgertag: San Esteban de Pravia-Soto de Luiña Abschied (22,3km)

Jaime, der uns gestern Abend so großzügig eingeladen hatte, hat uns zum Abschied noch einen Alternativweg nahegelegt.

An der Herberge vorbei, entlang am Meer sei die Etappe bedeutend schöner – und etwa fünf Kilometer länger. Das nehmen wir in Kauf. Andres und ich laufen auf der Strandpromenade entlang zu einem Hügel, an dessen Fuße eine endlos lange Treppe ihren Anfang findet. Ehrfürchtig blicken wir nach oben. Ein Ende des Aufstiegs ist aus unserer Perspektive nicht in Sicht.

Wir atmen drei Mal tief durch und steigen nacheinander Schritt für Schritt hinauf. Nach den ersten zwanzig steilen Stufen läuft mir der Schweiß in Strömen übers Gesicht und meine Lunge brennt wie Feuer. Und nach den nächsten gefühlten zehntausend Stufen sind wir oben. Innerhalb von Minuten klitschnass geschwitzt, stellen wir die Rucksäcke auf einer Bank ab, lösen die verklebten Shirts vom Rücken und genießen. Jaime hatte Recht. Diese Aussicht lohnt die Mühe. Schweißperlen rinnen noch immer über meinen Rücken, während ich die Steilküste bewundere, die weißen Schaumkronen auf den blauen Wellen bestaune und beobachte, wie dunkle Felsbrocken übermütig von ihnen umspült werden. Genüsslich zieht mein Pilgerfreund an seiner Zigarette und fotografiert einhändig die gesamte Umgebung.

Erst nachdem unser Schweiß weitestgehend getrocknet ist, ziehen wir weiter, durch duftende Wälder, grüne Täler und vor allem: bergauf und bergab. Wir durchqueren Farnlandschaften und himmeln weiße Strände an, die aus der Ferne zum Baden einladen. Wir machen Pausen, knabbern Oliven und Kekse.

Die Herberge, in der wir nächtigen wollen, besitzt 22 Schlafplätze, was nicht sonderlich viel ist, wenn ich bedenke, dass sich auch schon viel größere Herbergen vollständig mit Pilgern gefüllt haben. Dennoch zerbreche ich mir nicht den Kopf darüber, was wohl passieren wird, wenn wir keinen Platz abbekommen. Wir sind ja zu zweit und irgendetwas wird uns dann schon einfallen. Allein wäre ich sicherlich nicht ganz so

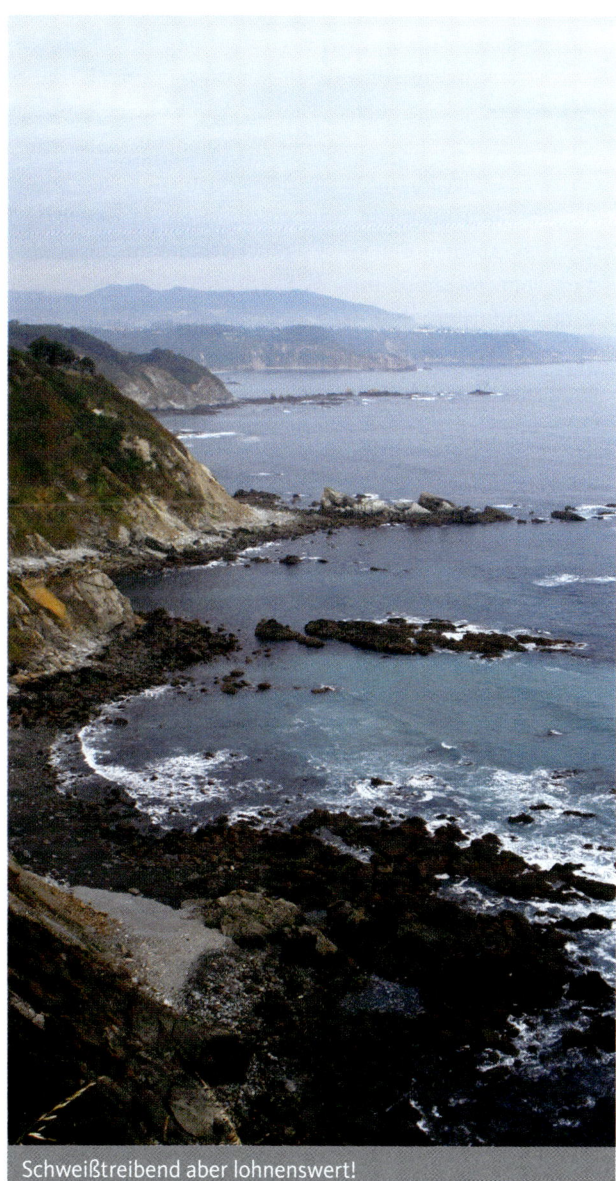

Schweißtreibend aber lohnenswert!

entspannt, stelle ich fest. Wenn ich allein pilgere, bin ich konzentrierter. Ich denke öfter daran, pünktlich in einer Herberge einzutreffen, mache kürzere Pausen, erprobe keine Umwege. Ich habe das Gefühl, dass wir uns zu zweit die Verantwortung teilen, was erleichternd wirkt. Andererseits muss ich immer auf jemanden Rücksicht nehmen, wenn ich in Gesellschaft bin. Das Ausmaß der nötigen Rücksichtnahme hängt sehr stark vom Wanderpartner ab. Harmoniert man gut, so wie es bei Andres und mir der Fall ist, erfordert es keine große Mühe, miteinander auszukommen. Dennoch verspüre ich das Bedürfnis, ab morgen wieder allein zu laufen. Ich denke, das muss einfach mal wieder sein, schließlich ist das hier „mein" Jakobsweg. Natürlich habe ich dank Andres erkannt, wie ungeduldig ich bin und wie wichtig Lockerheit ist, aber irgendetwas in mir drin sagt, dass es Zeit ist, wieder Alleinsamkeit zuzulassen. Andres hat Verständnis dafür und wir erklären den heutigen Tag zur vorerst letzten gemeinsamen Pilgerstrecke. Und dieser letzte gemeinsame Abschnitt hat es noch einmal so richtig in sich. Aufgrund von umfangreichen Straßenbauarbeiten wurde die Wegführung geändert und durch eine provisorische Route ersetzt. Wir befolgen die vorläufige Beschilderung und sind ziemlich erstaunt, als wir uns vor einer Wüste aus Steinschutt wiederfinden. Wir zweifeln daran, richtig zu sein. Alternativen gibt es aber nicht, sodass wir hochkonzentriert über die dicken Steinbrocken hinabsteigen. Jeden Schritt überprüfen zu müssen, erfordert viel Aufmerksamkeit, ist aber enorm wichtig, wenn wir uns nicht die Füße umknicken und brechen wollen. Umso erleichterter sind wir, als wir ein Restaurant erreichen, in dem wir uns mit eiskalter Cola belohnen und ausgiebig picknicken. Wir schätzen, die 22 Kilometer für heute soweit bewältigt zu haben, und sind schockiert, als die Kellnerin uns weitere sechs Kilometer bis Soto de Luiña prophezeit.

Wir schlüpfen wieder in die Wanderschuhe und gehen weiter und weiter und weiter. „Steil bergauf" und „steil bergab" sind

Beschreibungen, die in meinem Reiseführer ständig auftauchen und leider voll und ganz der Wirklichkeit entsprechen. Aber irgendwann auch hat auch diese Etappe ein Ende und wir betreten die Bar Ecu, in der es den Schlüssel für die Herberge geben soll. Es muss ungefähr 16:30 Uhr sein, als die Kellnerin sagt, die Betten seien bereits belegt. Unsere enttäuschten Mienen hellen sich wieder auf, denn sie fügt hinzu, dass die angrenzende Sporthalle, inklusive Luftmatratzenlager, aufgeschlossen werden wird.

Wir schreiben uns in ihr Pilgerverzeichnis ein und schlendern zur alten Schule, die heute als Herberge dienen soll. Dort stellen wir die Rucksäcke vor der verschlossenen Sporthallentür ab und stürmen die Duschen, deren Stil und Sauberkeitsgrad mich an meinen Sportunterricht zu Grundschulzeiten erinnern. Bis auf eine Ausnahme: Es gibt einen Seifenspender, der randvoll gefüllt ist. Gerade gestern ist mir das erste von insgesamt zwei Minishampoos ausgegangen, was fatal ist. Warum? Meine Seifenration habe ich genauestens verplant und „errechnet", dass mir die erste Packung nicht vor dem 15. Pilgertag ausgehen darf, damit ich nichts nachkaufen muss. Klingt ein wenig verrückt? Ist es. Vor allem, wenn man bedenkt, dass ich das mit dem Planen auch mal sein lassen wollte. Ach Mady, manchmal tust du dich so schwer.

Am Abend schließt der Hospitalero die Sporthalle auf und gibt einen weiten Blick auf das darin befindliche Luftmatratzenlager frei. Ich lasse mich am Ende des Raumes nieder und atme den intensiven Plastikgeruch der grauen Luftpolster ein. Ich habe schon ewig nicht mehr auf einer solchen Matratze geschlafen und habe einen Riesenspaß beim Hinlegen – freue mich, wie sich die Luft von rechts nach links drückt und finde es klasse, wie es dabei quietscht. Freude ist vergänglich. So lässt diese rapide nach, als ich nicht einschlafen kann, da die Bodenkälte zielstrebig in meine Knochen kriecht. Fehlt da etwa Luft? Aufpusten wäre zu laut, andere schlafen schließlich schon. Ich sehe mich suchend um und greife mir meine Isomatte, rolle mich – inklusive Schlafsackkostüm – von meiner Matratze und breite meine Matte oberhalb der Luftmatratze aus. Ich rolle zurück, spüre noch kurz die neugewonnene Wärme und falle in einen tiefen Schlaf.

Mit mir allein… Ich merkte, dass es an der Zeit ist, mich von meinem treuen Wanderpartner zu verabschieden. Eine Freundin gab mir einmal einen weisen Spruch mit: „Dein Leben ist wie eine Zugfahrt: Viele Menschen steigen in deinen Zug ein, einige steigen wieder aus und nur ganz wenige bleiben bis zum Schluss darin sitzen." Andres ist zwar nicht ausgestiegen, so kam der Vorschlag zur Trennung von mir, dennoch gehört er zu denjenigen, die meinen Zug nun verlassen werden. Es liegt nicht daran, dass ich ihn nicht mehr bei mir haben möchte, ich will einfach nur mal wieder ein paar Kilometer allein weiterfahren. Weil mir danach ist…

15. Pilgertag: Soto de Luiña-Cadavedo (24,7km) Ein anhänglicher Duschvorhang

Als mein Wecker klingelt, fühle ich mich wie erschlagen. Die meisten Pilger sind schon aufgebrochen, wovon ich mal wieder überhaupt nichts mitbekommen habe. Auch Andres ist schon los. Neben meinem Rucksack liegt ein Abschiedsgruß von ihm. Lächelnd verstaue ich diesen in meinem Notizbuch. Ich weiß, dass ich Andres vermissen werde, aber mein Wunsch, allein weiterzugehen, wiegt nun einmal schwerer.
Der eigentliche Jakobsweg soll heute einem steilen, zugewachsenen Waldpfad gleichen, weshalb der Autor meines Ratgebers den Weg über die alte Nationalstraße 632 empfiehlt. Nach der unwegsamen Etappe von gestern kommt mir das ganz gelegen. Ich freue mich auf stupides gedankenloses Geradeauslaufen.
Schnurstracks betrete ich nach sechs Kilometern die erste Bar. Ich stehe an der Theke, um mir meinen Café con leche zu

bestellen, als ich Andres entdecke. Er ist gerade mit dem Frühstück fertig und wir verabschieden uns erneut, denn er hat sich ein Bett im Hostal Canero, acht Kilometer hinter Cadavedo – dem Ort, in dem ich heute bleiben möchte – reserviert und wir sehen uns nun bestimmt nicht mehr wieder.

Ich nehme mir Zeit und das, obwohl es in Cadavedo nur eine ganz kleine Herberge mit zehn Betten und ein paar Matratzen geben soll. Außerdem wimmelt es heute nur so von Pilgern. Woher kommt also meine Gelassenheit? Bilde ich mir tatsächlich ein, zu den Wenigen zu gehören, die ein Bett abbekommen? Offensichtlich schon. Langsam packe ich mein Brot aus. Dazu muss ich sagen, dass die Baguettes im letzten Laden ausverkauft waren und mir nun so eine Kreuzung aus Weizenbrot und Toast auf den Tisch kommt. Wenn ich mit dem Zeigefinger hineinpike, bleibt eine formschöne Vertiefung zurück, so kuschelweich ist das Backwerk. Ich belege mir eine Scheibe des Brotes mit Käse, lege eine nächste Scheibe Brot darauf, dann wieder Käse, dann wieder Brot. Am Ende drücke ich mit der flachen Hand auf mein Bauwerk und im Nu schrumpft es zusammen, sodass es perfekt in meinen kleinen Mund passt.

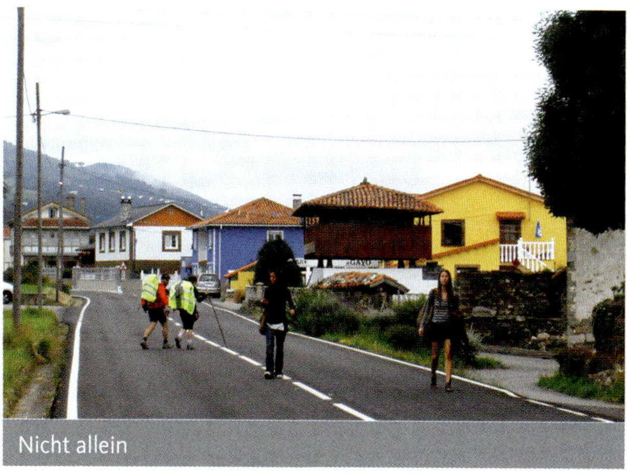

Nicht allein

Mein Frühstück hat mich scheinbar so sehr erheitert, dass ich beim Weiterlaufen lächele. Ich genieße das wortlose Alleinsein und die glatte Bodenbeschaffenheit. Meine Füße tragen mich ganz von selbst. Wenn ich an anderen Pilgern vorbeikomme, grüße ich nur kurz und fange ganz gezielt keine Unterhaltungen an. Dank Andres habe ich in den vergangenen Tagen viele Gespräche geführt und jetzt ist es einfach schön, mal wieder stundenlang zu schweigen. Von Wanderanstrengung kann heute wirklich nicht die Rede sein. Kein Muskelschmerz, nichts. Sogar mein kleiner Zehennagel schweigt. Ach, das hatte ich ja noch gar nicht erzählt: Vor zwei oder drei Tagen begann mein kleiner Zeh damit, sich beim Laufen gegen die Innenseite des Schuhes zu drücken, und wurde nach ein paar Wanderstunden immer taub. Ich habe ihn mir jeden Abend angeschaut und von Tag zu Tag wurde der Nagel ein klein wenig dunkler. Mit einem möglichen Verlust hatte ich mich längst abgefunden, bin nun aber umso froher, ihn vielleicht doch bis Santiago mitnehmen zu können.

Mein Zeh und ich schauen uns das Meer an, pausieren geruhsam am Straßenrand, atmen die reine Luft ein. Die Landstraße führt durch Waldabschnitte und durch bunte Dörfer. Die Sonne scheint. Bis auf ein paar Grübelminuten sind meine Gedanken frei. Ich ertappe mich heute erstmalig dabei, den Wochenablauf nach meiner Rückkehr zu planen. Ich muss meine Geburtstagsfeier vorbereiten, muss... „Stopp!", tadele ich mich selbst. Das hat hier nun aber im Moment wirklich nichts zu suchen. Bis dahin vergehen schließlich noch zwei weitere Spanienwochen. Nicht unnötig planen, ermahne ich mich.

Auf einem schattigen Stück stoppt auf einmal ein Auto neben mir. Zwei Männer sitzen darin. Erschrocken bleibe ich stehen. Der Fahrer hält mir eine Visitenkarte entgegen: „Hier, falls du in Cadavedo nicht unterkommst, lauf` in diese Pension." Ich nehme die Karte. „Gracias", bedanke ich mich. Das Auto braust davon und ist wahrscheinlich schon auf der Jagd nach dem nächsten Pilger. Ich verstaue das Papier in meiner Hosentasche. Diese Art, Pilger zu werben, ist neu für mich, aber wird mir möglicherweise noch sehr hilfreich sein. So bietet die Herberge im heutigen Tagesziel so wenig Platz, dass ich schon fest damit rechne, eine Pension aufsuchen zu müssen.

Es ist 14:00 Uhr, als ich Cadavedo erreiche. Um diese Uhrzeit werde ich keinesfalls ein freies Bett in der Herberge bekommen. Die ersten Wanderer treffen schließlich oft schon gegen Mittag in den Nachtlagern ein. Dennoch gehe ich zur Unterkunft und kann kaum glauben, dass Andres auf einem Gartenstuhl davor sitzt.

„Was machst du denn hier? Wolltest du nicht weiter?“, frage ich ihn.

Er springt auf und umarmt mich. „Ja, schon. Ich habe einfach mal so geschaut, ob hier was frei ist, und dann tatsächlich das letzte Bett abbekommen. Meine Reservierung für das Hostal ist bereits storniert.“

„Klasse, dass wir uns noch einmal wiedersehen“, freue ich mich und frage: „Sind denn die Matratzen noch frei?“

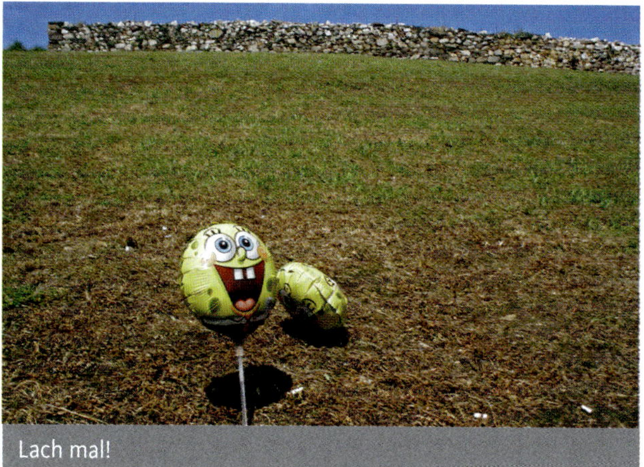

Lach mal!

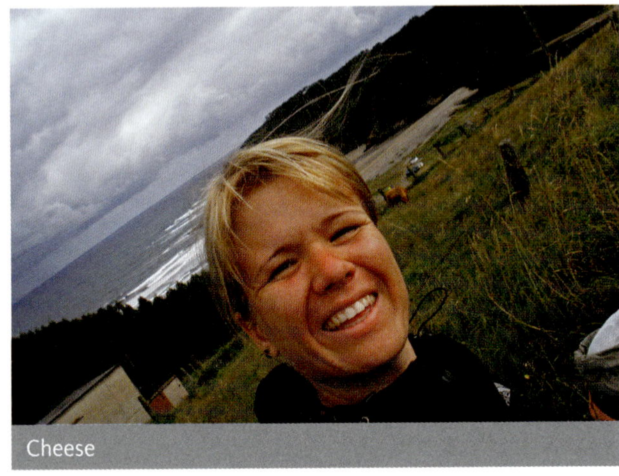

Cheese

„Ja, alle“, lautet seine Antwort.

Ich stürme die Treppen hinauf in das kleine Steinhaus und sichere mir eine Matratze für die Nacht. Die Unterkunft besteht aus zwei sehr engen Schlafräumen, einem kleinen Bad und einer Küche mit Holztisch und zwei Stühlen. Nur hier ist Platz für ein Matratzenschlaflager, sodass ich direkt in der Küche nächtigen werde. Gäbe es einen gut gefüllten Kühlschrank, könnte ich fast von der Erfüllung eines schönen Traumes sprechen. Aber man kann ja nicht alles haben und ich bin so froh, überhaupt untergekommen zu sein. Die Visitenkarte mit den Adressdaten einer Pension hefte ich an die Pinnwand neben dem Küchenfenster.

Meine Freude über den Schlafplatz verliert sich, als ich das Bad betrete. Es ist das schmutzigste Bad meiner bisherigen Reise. Wie nur drücke ich mich aus, damit mir nicht selbst schlecht wird? Nun ja: Eine Toilette ist oftmals weiß. Innen, meine ich. Auf dieses Becken trifft das nur zum Teil zu. Die andere Farbe, die hier noch mit im Spiel ist, könnt Ihr Euch sicherlich denken. Die Ablageflächen der Badgarnitur sind so unsauber, dass ich mich schwertue selbst meine verschwitzten Pilgerklamotten dort abzulegen. Das Waschbecken besitzt eine plüschige Dekoration aus (Menschen?-) Haaren. Mit meinen Sandalen beklei-

det, betrete ich die vergilbte Badewanne. Dann ziehe ich den fleckigen Duschvorhang zwischen Daumen und Zeigefinger zaghaft zu. Ich mache einen Satz zur Seite, als ich das Wasser andrehe und mir der Vorhang aufdringlich folgt. Soll es das Ekelding bloß nicht wagen, sich an mich zu heften! Da wird mir gleich ganz schlecht. Schnellstens vollziehe ich meine Körperpflege und stürme aus dem Bad. Ich habe es überlebt. Gleich im Anschluss beschließe ich, heute kein Wasser mehr zu trinken. Ich möchte die Nasszelle lieber nicht mehr von innen sehen. Und erst Recht nicht mehr, als mir Juan, ein sportlicher Andalusier, erzählt, ihm sei beim Ausziehen seiner Hose eine dicke schwarze Spinne daraus entwichen.
Vier Polen – zwei Männer, zwei Frauen – haben sich mittlerweile die restlichen Matratzen genommen und sich ein Schlaflager neben meinem errichtet. Andres und ich gehen gemeinsam einkaufen und setzen uns nach unserer Rückkehr zu den vier Neuankömmlingen. Einer von ihnen ist ein arbeitsloser Architekt, der andere Priester, eine der Damen ist Religionslehrerin sowie Nonne und die zweite arbeitet als Sekretärin. Nur der Architekt beherrscht Englisch. Mein Freund Andres spricht, bis auf ein paar Brocken Englisch, ausschließlich Spanisch. So werde ich in unserer Runde schnell zum Bindeglied: Andres sagt mir etwas auf Spanisch, ich übersetze ins Englische und der Architekt gibt das Gesagte dann auf Polnisch weiter. Wir amüsieren uns köstlich bei unserem Sprachpuzzle und erfahren, dass die Vier erst seit drei Tagen unterwegs sind und sich vor der Reise nicht einmal alle untereinander gekannt haben. Es ist ein Experiment, für das sie noch drei Wochen Zeit haben, gestehen sie lachend. Sie pilgern aus religiöser Motivation und halten täglich eine Messe ab. So auch heute. Ich bin überrascht, als ich den Priester mit weißem Gewand vor der Herberge stehen sehe. Er predigt. Um ihn herum befinden sich die drei anderen. Ich bin beeindruckt davon, dass er sein schweres Gewand Tag für Tag und Kilometer für Kilometer mit sich herumträgt.

Gegen 20:00 Uhr beginnt es mal wieder kräftig zu regnen. Völlig durchnässt treffen Anna und Peter ein. Ich begegne dem ungarischen Pärchen zum wiederholten Male. Anna umarmt mich, als sie mich in der Küche auf meiner Matratze sitzen sieht. Die beiden sind mit einem Zelt unterwegs und somit völlig unabhängig von verfügbaren Betten. Peter ist Annas neuer Freund. Mit ihrem Ex-Partner war sie 2008 auf dem Camino Francés unterwegs und diesen Sommer „testet" sie den Neuen auf dem Küstenweg. Bisher schlägt er sich gut mit seinem 20-Kilogramm-Rucksack. Er schleppt das Zelt, die Lebensmittel, seinen dicken Armee-Poncho, ein Riesenmesser und so weiter. Ob er auch ein Kissen dabei hat? Dieses fehlt mir nämlich auf meinem Schlaflager und ich bastele mir eine Erhöhung aus Jacken und Shirts. Es regnet. Ich schließe die Augen.

Mit mir allein… Es funktioniert tatsächlich: Obwohl ich heute allein war und in völliger Ungewissheit, ob ich einen Schlafplatz bekommen würde, war ich den ganzen Tag über sehr gelassen. Und siehe da: Die Belohnung sollte eine freie Matratze und ein Wiedersehen mit Andres sein. Tagsüber kostete ich die Verschwiegenheit aus, während ich es sehr erfreulich fand, den Nachmittag und Abend mit Andres und den vier gesprächigen Polen zu verbringen.

16. Pilgertag: Cadavedo-Almuña (15,6km)
So ganz allein? Hast du denn gar keine Angst?

Ich öffne die Augen. Es regnet. Die vier Polen wühlen alle zeitgleich in ihren Rucksäcken. Wie spät ist es denn? 6:45 Uhr. Ach, na dann.
Ich stehe auf, gehe kurz in das Todesbad, packe meine Sachen ebenfalls zusammen, kleide mich mit Regensachen ein und schnappe mir meinen Wanderstab. Die vier Polen kramen immer noch, als ich mich in die verregnete Landschaft begebe

und unter schweren, grauen Wolken meinen Wandertag beginne. Ich laufe über schlammige Waldwege, trete in Pfützen und lese immer wieder in meinem Handbuch nach. Es soll hier irgendwo eine sehr schlecht markierte Weggabelung geben, die ich nicht verpassen möchte. An sämtlichen, noch so kleinen Abzweigungen stoppe ich und werde von Juan – dem Spinnenfänger – und seinem Freund Rico eingeholt. Zu dritt finden wir erfolgreich aus dem Waldstück heraus und landen auf der Straße.

Wir betreten ein Restaurant, das extra für uns gerade aufmacht, und trinken gemeinsam Kaffee. Die beiden Andalusier sind für mich sehr schwer zu verstehen – sie nuscheln, verschlucken Wortendungen. Einer von ihnen ist Musiker, wenn ich es richtig mitbekommen habe, und beide sind ohne feste Arbeit, wie momentan viele ihrer Bekannten und Freunde.

Nachdem sie ihre Tassen ausgetrunken haben, starten sie wieder und ich beschließe kurzerhand, noch zu bleiben. Weil heute Sonntag ist, bestelle ich mir ein Croissant mit Butter und Marmelade und einen weiteren Kaffee. Spätestens an dieser Stelle werden meine Prioritäten deutlich: Meine Seife ist millilitergenau berechnet, aber für einen zweiten Kaffee ist immer genügend Kleingeld eingeplant. Zu meiner Verteidigung muss ich aber auch sagen, dass der große Milchkaffee selten teurer ist als 1,50 Euro. Gut, auf Seife trifft das wahrscheinlich auch zu. Aber egal… Es geht wahrscheinlich gar nicht so sehr ums Geld. Es ist Sonntag, es regnet, ist grau und da hilft eben nur Zucker! Ich süße meinen Kaffee und beiße genüsslich in das knusprige Marmeladencroissant. Mir wird schon irgendetwas einfallen, um mein Konto nach der Reise wieder aufzupäppeln.

Widerwillig schiebe ich mich eine halbe Stunde später in die feuchte Landschaft zurück. Der Barbesitzer hat mir empfohlen auf der Straße weiterzulaufen, was ich auch tue. Ab und zu begehe ich schmalere Wege, dann wieder die Straße. An einem Kreisverkehr überhole ich die polnische Gruppe, die mich

während meines Sonntagsfrühstücks abgehängt haben muss. Ich freue mich sie zu sehen, da ich es gerade mal ganz angenehm finde, mit vertrauten Mitpilgern zu reden. Allerdings bleibt es bei einem kurzen Gespräch, da ich etwas schneller laufe und meinem Rhythmus weiter folgen möchte.
Kurz vor meinem Etappenziel Almuña spricht mich eine alte Frau an. „Blondes Mädchen, wanderst du allein?", will sie wissen.
Wahrheitsgemäß antworte ich mit: „Ja."
Sie: „Hast du denn keine Angst?"
Ich: „Nein."
Sie: „Na dann, weiter!"
Ich: „Tschüss!"
Und jetzt habe ich Angst. Es macht mich wahnsinnig, wenn ich mir so etwas anhören muss. Mit der deutschsprechenden Spanierin und ihrer Gaunerwarnung war es ja ähnlich. Natürlich meinen es die Damen nur gut mit mir, aber weil ich sowieso schon ein Angsthase bin, macht es ihre Fragerei viel schlimmer. Und dann geistert mir noch die Männergeschichte von Ivanas erstem Wandertag durch den Kopf. Ich gebe zu, es mag ein wenig verwunderlich sein, dass ich mich hier als Angsthase oute. Schließlich laufe ich allein und hellblond durch Spanien. Tatsächlich bin ich aber ein sehr, sehr vorsichtiger Mensch, der sich sogar vor raschelnden Vögeln im Gebüsch erschreckt. Ich fürchte mich vor dunklen, stürmischen Nächten und erstarre, wenn im Hausflur das Licht ausgeht und ich noch mitten auf der Treppe stehe. Und wenn in der Küche der Kochtopf zischt, weil das Wasser überkocht, dann entwerfe ich gedanklich einen Fluchtplan für den Brandfall. Und trotz dieser Übervorsichtigkeit pilgere ich – größtenteils allein – durch mir völlig fremde Gegenden. Der Wunsch, oder vielmehr das Verlangen, diesen Weg zu meinem eigenen zu machen, ist glücklicherweise stärker als mein Angsthasen-Gen. Außerdem ist es ein Abenteuer und Furchtsamkeit hin oder her: Wenn es ein Abenteuer zu erleben gilt, kann ich

einfach nicht widerstehen. Dennoch hoffe ich, dass ich mich nicht weiter mit den liebgemeinten Warnungen der älteren Herrschaften auseinandersetzten muss. Erfreulicherweise bin ich fast an der Herberge angelangt und muss mir heute darüber keine Sorgen mehr machen.

An der Herberge warten bereits um 12:00 Uhr mindestens dreizehn Pilger. Zwei Gesichter kenne ich. Mit Rafael und Carla haben Andres und ich uns bereits in Avilés schon einmal unterhalten. Aber die anderen? Nie gesehen. Wo kommen die denn so früh schon her?

Als um kurz nach zwölf Uhr die Türen aufgehen, bekommt jeder der wartenden Pilger ein Bett von den insgesamt 22 Plätzen ab. Für alle zusammen existiert eine einzige Toilette, deren Tür nicht einmal abschließbar ist. Zwei Duschen aus der Kategorie Unisex warten mit eiskaltem Wasser auf. Überall schwirren Stubenfliegen umher. Wie die Verrückten finden sie sich zuerst an meinen Wandersocken (Was sie wohl hierher lockt?) ein und setzen sich wenig später auf mein belegtes Brot, das ich in der Küche verspeise.

„Eine Plage ist das“, höre ich Rafael schimpfen.

Ich ruhe mich ein wenig aus – sofern es die Brummbiester zulassen - und schlendere dann in die Richtung, in der ich einen Ortskern vermute. Andere Pilger sind gerade nicht in Sicht. Es kann nicht viel später als 13 Uhr sein und ich frage mich, was ich den ganzen Tag noch so anfangen soll. Heute ist Sonntag und der Ort wirkt eher wie eine Vorstadt ohne Zentrum. Bevor ich weiter zum Grübeln komme, ob mir die Alleinsamkeit gerade passt oder nicht, kommen Rafael, Carla und ein weiteres Pärchen um die Ecke.

„Willst du mitkommen? Wir suchen ein Restaurant“, ruft Rafael. Seine quadratische blaue Brille passt perfekt in das Gesicht mit der gutmütigen Ausstrahlung.

„Gern“, erwidere ich ohne zu zögern.

Lucio und Nadia sind Bruder und Schwägerin von Rafael und zum ersten Mal auf Pilgerschaft. Für die anderen beiden ist es

schon die zweite Wallfahrt. Im vergangenen Jahr sind Carla und Rafael von Ribadeo nach Santiago de Compostela gepilgert und schauen sich dieses Jahr den Weg bis Ribadeo an. Von Jahr zu Jahr, immer einen bestimmten Wegabschnitt zu gehen, ist eine tolle Alternative für alle, die nicht viel (Urlaubs-) Zeit haben, denn der Pilgerpass verliert auch über Jahre hinweg nicht seine Gültigkeit.
Wer hätte das gedacht? Die Sonne schaut doch noch heraus und trocknet die frischgewaschenen Haare, während wir uns zu einem Restaurant durchfragen. Eine Viertelstunde später sitzen wir an einem langen Tisch und bekommen eine dicke Speisekarte in die Hände gedrückt. Da ich ja erst mein Fliegen-Käsebaguette hatte, bestelle ich mir nur einen Kaffee – wird kostengünstiger. Auch wenn die Menüs für zehn Euro in vielen Restaurants sehr reichhaltig sein sollen, möchte ich nicht in Gaststätten speisen. Für zehn Euro kann ich drei Supermarkteinkäufe tätigen – was meinem Geldbeutel auf lange Sicht besser bekommt.
Die Madrider dagegen haben richtig Hunger und ordern eine ganze Flut an Essen. Bis auf Carla, die noch studiert, sind sie alle im Berufsleben. Lucio ist Feuerwehrmann, Nadia Verkäuferin und Rafael macht irgendetwas in Richtung Wirtschaftskaufmann. Sie bekommen Unmengen an Paella aufgetischt, dazu Brot und Fleisch. Als der Kellner das Essen bringt, erbittet Carla einen Teller für mich. „Hier, bediene dich." Ablehnen wäre unhöflich, also erfreue ich mich an den Köstlichkeiten und der angenehmen Gesellschaft.
Zur Halbzeit meiner Reise stelle ich fest, dass ich sehr gut allein sein kann, es mich manchmal aber auch zermürbt. Ob meine Alleinsamkeit zur Einsamkeit wird, hängt von den jeweiligen Umständen ab. Ich habe gelernt: Raufasertapete anstarren macht allein keinen Spaß, während barfuß durch seichtes Meerwasser zu wandeln selbst ohne Gesellschaft eine angenehme Beschäftigung ist. Wie auch immer die Situationen gerade sind, der Jakobsweg ist auf meiner Seite: Er lässt

mich allein, wenn ich es sein möchte, und schickt mir Begleiter, wenn ich sie herbeisehne. So wie heute Nachmittag.
Die „Torte der Großmutter“ wird uns zum Nachtisch serviert. Sie besteht aus Schokolade, Sahne, Keksen, Flan – einer Masse aus Eiern, Milch sowie Zucker, die hierzulande ein weit verbreitetes Dessert sein soll. Nicht einmal für meinen Kaffee und den Kuchen darf ich etwas bezahlen – auch wenn ich darauf bestehe. Rafael lässt in diesem Punkt überhaupt nicht mit sich diskutieren.
Auf dem Rückweg zur Herberge begegnen uns Anna und Peter, die beiden Ungarn. Sie kommen gerade von unserer Unterkunft. Dort war nur noch ein Bett frei, berichten sie. Sie wollten es sich teilen, bis ein vollkommen ausgelaugter Kerl eintraf, der seit Tagen zwischen vierzig und fünfzig Kilometern läuft, da er ständig auf überfüllte Herbergen stößt. Anna und Peter haben das Bett geräumt und wollen jetzt nach einem Zeltplatz fahnden. „Der Typ sah so erschöpft aus, werdet ihr ja gleich sehen“, verabschieden sie sich.
Als wir die Herberge erreichen, ist bereits eine heftige Diskussion im Gang. Ein paar der sehr jungen Spanier, die auch schon um 12:00 Uhr hier waren, scheinen sich zu rechtfertigen, vor einem Kerl, der ziemlich fertig aussieht – vermutlich der Marathonjunge, von dem Anna sprach. Wir stoßen dazu und Carla bringt sich mit in das Gespräch ein. Ich muss mich sehr konzentrieren, um das Wesentliche mitzubekommen: Die jungen Spanier sind eine Gruppe von acht Leuten und heute oder in der Vergangenheit wohl ein Stück mit dem Bus gefahren. Der Marathonjunge, der alles zu Fuß geht, findet es nicht in Ordnung, dass Buspilger die Herbergen blockieren, statt in Hostels auszuweichen, um den Erschöpften Platz zu machen. Carla sieht das genauso – schlichtet aber erfolgreich zwischen beiden Seiten.
Der Marathonjunge, meine vier Spanier und ich lassen den Tag in einer nahegelegenen Bar ausklingen.

Mit mir allein… Manchmal fällt es mir schwer, meine Ängstlichkeit zu verdrängen, vor allem wenn es grauhaarige Omis viel zu gut mit mir meinen. Ich bin ein vorsichtiger Mensch, darf aber auch nicht allzu furchtsam sein – sonst hätte ich gar nicht erst herkommen brauchen. Ich bin blond und wandere allein durch Spanien. Natürlich birgt das Risiken, das ist mir klar. Aber wenn die Angst einmal zu groß wird, dann wünsche ich mir einfach eine Begleitung. Das funktioniert doch so erstaunlich gut. Ich kann förmlich hören, wie der Jakobsweg mir zuflüstert: Du musst nicht allein sein, wenn du es nicht willst.

17. Pilgertag: Almuña-Piñera (17,9km)
Über sieben Brücken musst du gehen

Ich reiße die Augen auf. Mein Herz schlägt rasend schnell. Ich schwitze, atme unruhig. Ich sehe zur Seite. Oh mein Gott. Alles ist gut. Es war nur ein Traum, nur ein Traum. Ich atme ruhig aus. Es ist erstaunlich. Ich hatte ihn wieder, diesen Traum, den Traum, in dem es darum geht, dass mich jemand vom Jakobsweg holt und ich zuhause bin, zuhause bin, bevor ich zu Ende gebracht, was ich angefangen habe. In meiner Nachtfantasie war der Jakobsweg gesperrt und ich durfte nicht weitergehen. Auf einmal dann war ich daheim. Dort durfte ich nicht mehr weg. Ich wollte weinen, aber es ging nicht und dann begann ich nach einer Möglichkeit zu suchen, auf den Weg zurückkehren zu können. Wie unter Strom rang ich nach Ideen, suchte nach Chancen, fahndete nach Fluchtwegen, die mich wieder nach Spanien bringen sollten. Und dann - wachte ich auf.

Und jetzt liege ich ganz still da und realisiere, dass ich noch hier bin. Meine angespannten Muskeln lockern sich. Ich bin noch hier, ich bin noch hier. Es ist offensichtlich: Dieser Weg ist ein fester Teil von mir geworden. Ich möchte, nein, ich muss ihn beenden. Ich lasse ihn mir nicht nehmen, von nichts und niemandem. Niemals. Es ist mein Weg. Mein Weg!

Das sollte immer so sein – also auch, wenn ich gerade nicht pilgere. Im Leben generell. Ich muss meinen Wunschweg immer verfolgen, daran arbeiten, die guten Träume wahr werden zu lassen. Wenn ich etwas wirklich will, muss ich mich dafür einsetzen und darf mich niemals stoppen lassen, von niemandem. Natürlich wird es hin und wieder Stolpersteine geben, die mir den Weg erschweren oder ihm eine neue Richtung geben. Aber solange ich weiß, wohin ich will, lasse ich mich von meinem (Lebens-) Weg nicht abbringen, weder hier noch sonst irgendwo.
Entschlossen öffne ich den Reißverschluss des Schlafsacks, stecke meine nackten Füße in die Sandalen und gehe ins Bad. Es ist kurz vor sieben und bis auf sechs Pilger sind schon alle weg. Um diese Uhrzeit. Um kurz vor sieben!
Als ich das Bad betrete, habe ich eine Idee, woran das liegen könnte: Wenn man zu den letzten Badbesuchern gehört, es also erst betritt, nachdem bereits eine ganze Horde durchgehechtet ist, sollte man abgehärtet sein. Und dieser Prüfung wollen sich die Frühpilger wahrscheinlich nicht stellen, was nachvollziehbar ist. So habe ich heftig damit zu kämpfen, die dicken schwarzen Haare auf dem Waschbeckenrand zu ignorieren, die ausgespuckten Zahnpastareste zu übersehen und die Flecken auf der Toilettenbrille zu umgehen. Nach 320 erfolgreich gewanderten Kilometern wird mich doch dieses Bad hier nicht stoppen. Ich spucke den Zahnpastaschaum aus, werfe mir eine Handvoll kaltes Wasser ins Gesicht, ziehe mich an und laufe los.
Federleicht spaziere ich nach Luarca, wo ich nach einer halben Stunde ankomme. Schon die Aussicht auf den Ort ist beeindruckend. Das Stadtzentrum liegt wie fest eingeschnürt zwischen Bergen und ein Fluss mündet in den Hafen. Sieben Brücken überspannen ihn. Meereswellen brechen sich an grauen Felsen. Weiße Sportboote schaukeln im Hafenbecken. Über Treppenstufen und durch Torbögen führt mich mein Weg durch schmale Gassen in den Stadtkern. Schon beim ersten

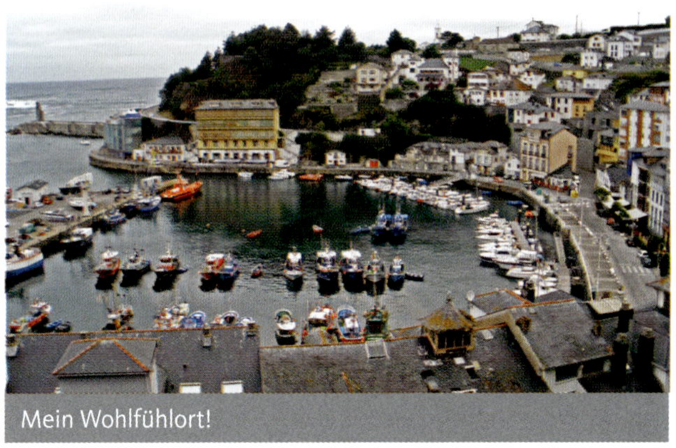
Mein Wohlfühlort!

Schritt in den Ort kribbelt es mir in den Fingerspitzen. In dieser Stadt fühle ich mich wohl – ja, sie zieht mich sogar magisch an. Warum das so ist, kann ich kaum erklären. Sind es die engen Gässchen, das langsame morgendliche Erwachen der Stadt? Ich weiß es nicht. Es fühlt sich einfach gut an, hier zu sein.

Gemächlich betrete ich eine Cafeteria mit eleganten dunkelbraunen glänzenden Holzmöbeln und lasse mir einen großen kräftigen Kaffee schmecken. Dazu vertilge ich meinen Pilgerproviant. Durch die riesige Fensterfront neben mir beobachte ich, wie die Stadt lebendiger wird. Ich bleibe lange hier, trinke noch einen Kaffee, schreibe Postkarten, mache Notizen.

Nach etwa einer Stunde gehe ich weiter, verlasse Luarca und werde am Ortsausgang völlig überraschend von meinen Gefühlen überfallen. Warme Flüssigkeit sammelt sich in meinen Augen, ich beginne lauthals „Über sieben Brücken musst du gehen" zu singen und hopse vor Ausgelassenheit. Der Jakobsweg ist wie das Nutella auf meinem Frühstücksbrötchen, wie das Öl bei einer Rückenmassage, wie die Melodie in einem Song. Er tut gut. So gut. Ich fühle mich unglaublich erfüllt, bin glücklich, hier sein zu dürfen. Ich singe und laufe weiter und weiter. Toll, dass der Traum letzte Nacht wirklich nur ein Traum war.

Erst an einer enorm großflächigen Baustelle auf einem Hügel muss meine Unbekümmertheit weichen und ich beginne angestrengt nach Symbolen zu suchen. Einen deutlichen Wegverlauf kann ich nicht ausmachen. Bauarbeiter und andere Pilger sind nicht in Sicht und es ist ziemlich verlassen hier oben. Ich versuche es über einen abwärtsführenden Waldweg, der mich tatsächlich auf einer stark befahrenen Landstraße ausspuckt. Ich bin richtig, wie ich an diversen Markierungen erkennen kann.
Zu der ohrenbetäubend lauten Straße gibt es keine Alternativroute, sodass ich auf dem betonierten, abgeschrägten Seitenstreifen laufe. Wie Wasser fließt der Verkehr mir entgegen und ich schwebe in ständiger Angst, angefahren zu werden. Ich atme erleichtert aus, als ich auf eine ruhige Piste gelange und kurz darauf sogar noch auf meine vier Polen treffe, die mich mit ein paar Oliven versorgen. Sie wollen heute eventuell weiter laufen, als ich es geplant habe, sodass wir uns vorerst verabschieden. Ich selbst hätte auch noch Energie, meine Etappe auszuweiten, aber meine Zeit erlaubt mir, es langsam angehen zu lassen. Es sei denn, ich möchte noch eine Woche in Santiago verbringen. Aber zwei Tage dürften reichen und auch viel besser in mein Budget passen, beschließe ich.
So erreiche ich Piñera schon gegen kurz nach 12:00 Uhr und freue mich, dass Rafael, Carla, Lucio und Nadia auch hier sind. Die Herberge befindet sich in der ehemaligen Dorfschule und ist sehr gepflegt. Ich dusche mich, wasche Wäsche, schlendere durch den langgezogenen Miniort zu einem kleinen Lebensmittelladen und verbringe den Nachmittag mit den vier anderen auf einer Holzbank vor der Herberge. Weitere Spanier kommen hinzu. Ich lerne neue Vokabeln und weiß nun, dass „chirimiri“ eine Beschreibung für Sprühregen ist, also diesen Regen meint, der einen langsam, aber sicher durchnässt, ohne dass man es gleich merkt. Und wo wir gerade beim Thema „Regen“ sind: Zum Abend setzt er wieder ein und durchweicht die dunkle Nacht.

Mit mir allein... Mein Traum hat mich etwas ganz Wichtiges gelehrt: Ich darf mich niemals von meinem Wunschweg abbringen lassen. Nicht hier und auch nirgendwo sonst. Dabei spielt es auch keine Rolle, ob ich gerade einen Begleiter habe oder nicht. Meine Zugmitfahrer sind dazu da, meinen Weg zu bereichern, ohne mich von ihm wegzuführen.

18. Pilgertag: Piñera-Tapia de Casariego (25,9km) Stammtischgeflüster mit Godzilla

Ich habe Glück. Als ich aufbreche, hört es gerade auf zu regnen. Der Himmel sieht zwar noch immer bedrohlich dunkel aus, aber das ist ja nicht schlimm. Umso geheimnisvoller wirkt die Umgebung. Die Kirche, die neben der Herberge steht, gleicht einem schwarzen Klotz mit zartem Kreuz auf ihrem Spitzdach. Die Wolken erinnern mich an ein dickes Deckbett, grau, rosafarben und orange-gelb bemalt. Einen schmalen Streifen haben sie für die Sonne freigelassen, die mutig ein paar Lichtstrahlen aussendet. Der Wald, aus dem ich gerade komme, erscheint wie ein pechschwarzer Scherenschnitt am Horizont. Ich laufe querfeldein. Über mir spannen sich dünne Stromkabel. Der Morgen ist leuchtend düster. Schön. Schaurig schön ist das. Obwohl ich auf weiter Flur vollkommen allein bin, fürchte ich mich nicht.

Aber ich bin nicht nur furchtlos, sondern auch vollkommen gefühllos, gefühllos dem Wetter gegenüber. Es muss schon lange geregnet haben, als ich die Nässe endlich bemerke. Ich stelle meinen Rucksack ab, der mittlerweile ziemlich feucht ist, und streife ihm den notwendigen Regenschutz über. Ich schlüpfe in meine Jacke und kann kaum glauben, wie lange es gedauert hat, ehe ich das Himmelswasser überhaupt bemerkt habe. Wo war ich denn, als es anfing zu regnen? Sind mir die Schauer etwa egal geworden? Ich bin mir nicht einmal bewusst, an etwas Bestimmtes gedacht zu haben. Wahrschein-

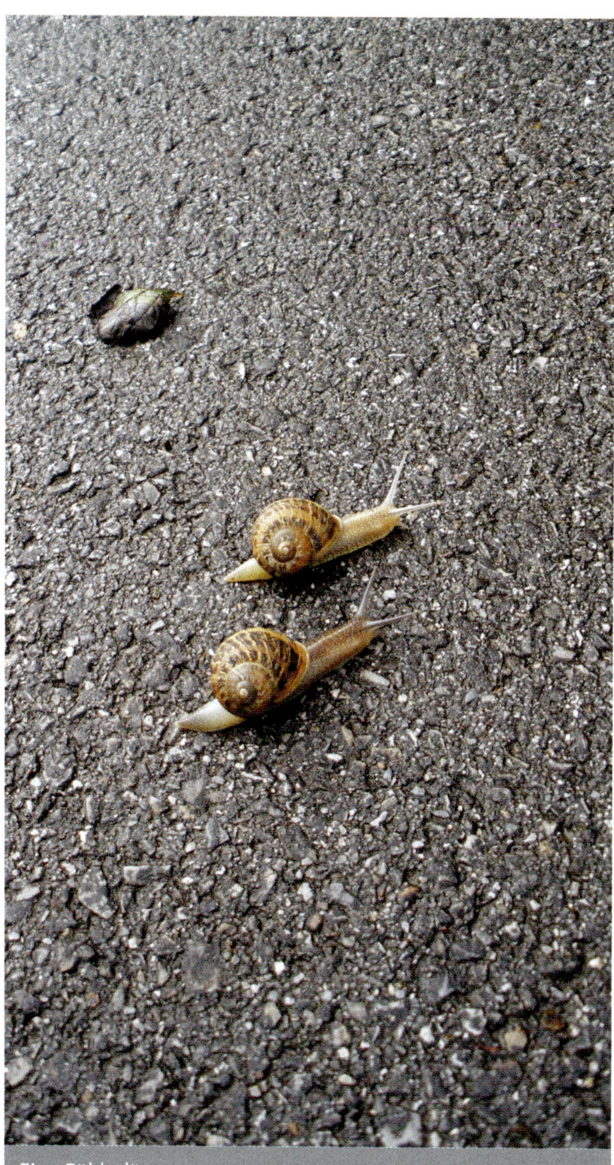

Eine Fühlerlänge voraus

lich bin ich einfach nur wie in Trance gelaufen, gelaufen und gelaufen…

Dass es nach zwanzig Minuten aufhört zu regnen, entgeht mir nicht – genauso wenig wie mein Frühstück in einer Bar in Navia. Beim Verlassen dieses Ortes folge ich einem Pilger mit beigen Shorts und königsblauer Rucksackhülle. Ich schließe zu ihm auf, spreche ihn an: „Where are you from?“

„Berlin“, erwidert er in meiner Landessprache.

„Ach, na dann können wir uns ja auf Deutsch unterhalten“, antworte ich.

Es ist schon seine zweite Pilgerreise, die er vor wenigen Tagen begonnen hat. Im Gegensatz zur Wallfahrt auf dem Camino Francés hat er aber keine Zeit, den gesamten Weg zu begehen, und ist hier, um den Kopf ein wenig frei zu bekommen, Frischluft zu schnuppern und Energie zu tanken für etwas ganz Besonderes: Er ist Musiker, hat einige Zeit für einen Comedian gearbeitet und ist nun dabei, eine Solokarriere als Sänger zu starten. Seit einer Weile hat Mark Forster einen Plattenvertrag und wird in ein paar Wochen sein Album aufnehmen, zu Cover-Fotoshootings reisen und hoffentlich auf dem deutschen Musikmarkt Fuß fassen. Er spielt mir einige seiner Songs auf seinem iPhone vor. Wir laufen am Meer entlang, an weiten Wiesen vorbei, passieren steinige Steilküsten. In meinen Ohren klingen seine Melodien, die Zeit vergeht wie im Flug.

Ich kann es kaum glauben, als wir um 15:00 Uhr vor der Herberge stehen und die Unterkunft bestaunen, welche unmittelbar an der Küste liegt, mit Blick auf trutzige Felsen und Meeresrausch-Garantie beim Einschlafen.

Mark und ich treten ein, werden begrüßt von einem schweren Rotweinduft. An einem wackligen Holztisch, den ich durchaus als Rezeption bezeichnen würde, sitzt ein dicker Kerl mit fassrundem Bauch. Seine Augen sind rot unterlaufen, die Haare weiß, der Schnauzer buschig. An seinem Knöchel ist

ein dicker Verband zu sehen. Wir treten näher. Er hält eine Rotweinflasche in die Höhe: „Hier nehmt!"
„Später, danke!", entgegnen Mark und ich.
Dann schiebt der füllige Mann uns das Pilgerbuch hin, wir tragen uns ein und werfen eine Spende in die Box an der Wand. Wieder will er uns seinen Wein aufdrängen. „Nein, nein. Im Moment wirklich nicht", wehre ich ab und flüchte in die obere Etage zu einem freien Bett, niste mich ein und krame meine Duschsachen zusammen. Ich glaube, Mark schafft den Absprung nicht und muss mittrinken.
Auf meinem Weg zur Dusche treffe ich auf German, einen der Spanier aus der gestrigen Herberge. German trägt ein neongrünes Sportshirt, hat kurze schwarze Haare, einen dunklen Bart, der sich gleichmäßig über sein Gesicht verteilt, und versprüht überall, wo er hinkommt, seinen charmanten Sunnyboy-Humor. German hat längst ein eigenes Rotweinglas und setzt sich mit an „die Rezeption". Der Dicke – sein charmanter Kosename soll wohl „Godzilla" lauten – ist ziemlich betrunken.
„Was für ein Herbergsvater", denke ich und verschwinde unter die Dusche.

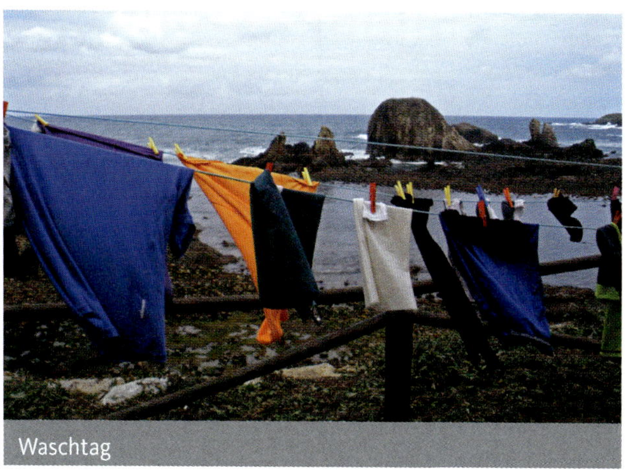
Waschtag

Als ich meine nassen Klamotten auf der Leine am Meer aufhänge, kommt (liebevoll gemeint) Godzilla um die Ecke und macht mir einen folgenschweren Vorschlag: „Du, German, der Deutsche und ich gehen in eine Bar und trinken ein Bier und dann zeige ich euch den Supermarkt, damit ihr etwas zum Essen kaufen könnt. Okay?"

„Vor dem Essen Bier trinken?", frage ich entsetzt.

„Ja, ja, nur eins", argumentiert er.

Ich nicke.

Zu viert laufen wir los, durchqueren das gesamte Dorf, passieren mehr als eine geöffnete Bar, werden jedoch in die hinterletzte Kneipe des Ortes entführt. Der Dicke begrüßt den Wirt wie einen alten Bekannten und ordert eine Runde eiskalten Bieres. Als wir dieses nicht innerhalb von drei Minuten ausgetrunken haben, wendet er sich an Mark und mich: „Ihr seid doch aus Deutschland, woran hängt's?" Sein Blick gleitet auf unsere halbvollen Gläser. Ich trinke aus, schließlich möchte ich so schnell wie möglich in den Supermarkt, um endlich an etwas Essbares zu kommen. Der Dicke scannt mit seinen Augen das Glas meines Landsmannes und fügt hinzu: „Das Mädchen trinkt ja schneller als du. Was ist los?" Brav trinkt auch Mark sein Bier aus.

„Nun können wir ja…", denke ich und will aufstehen, was mir nach dem Sturzbier auf leeren Magen schwerfällt. In diesem Moment bestellt der Dicke per Handzeichen die nächste Runde. Ich sinke zurück auf meinen Stuhl.

„¡Salud!, Prost und Cheers!", ertönt es von allen Seiten und wir erheben unsere Gläser. Godzilla trinkt einen Riesenschluck und fordert mich auf, ihm an seinen Schnauzbart zu fassen. Vorsichtig fahre ich meinen Zeigefinger aus und tippe an seine Oberlippenfrisur. In dem Moment, in dem mein Finger ihn berührt, zappelt er heftig mit seinem Bart. Ich weiß nicht, wie er das macht, aber es sieht lustig aus. Das Lachen der beiden anderen scheint ihn anzutreiben und nun muss auch Mark an seinen Schnauzer fassen und sich von dem kribbelnden

Gefühl überzeugen, das der Lippentanz auf den Fingerkuppen hinterlässt. Die Gläser leeren sich wie von allein und ich bin guter Dinge, endlich einkaufen zu können. Doch dann: Wie aus dem Nichts stehen frisch gefüllte Biergläser vor unseren Nasen.

„Dass ‘ss nu` aber das Lezze“, nuscheln wir drei.

Ich bin eigentlich nur noch damit beschäftigt zu grinsen. Die Situation ist einfach so ungewollt komisch. Da kommen wir als erschöpfte Pilger in eine Herberge und der Hospitalero füllt uns höchstpersönlich und im Rekordtempo ab. Und jetzt fängt er auch noch an, schmutzige Witze zu erzählen. Ich bin ganz froh, nicht alles zu verstehen. Seine Jokes sind echt unter der Gürtellinie, passen aber perfekt in die Gesamtsituation, in der ich mich befinde. Meine beiden Begleiter kommen aus dem Lachen auch nicht mehr heraus. Als wir dann endlich den Boden des dritten Bierglases erkennen können, springen wir einstimmig auf und bedanken uns hastig. Geradeso können wir eine weitere Runde abwehren.

Ordentlich betäubt tapsen wir in den Supermarkt – zusammen mit Godzilla. Er kauft – wie sollte es auch anders sein – Dosenbier, wir dagegen Cola, Brot, Käse, Oliven und Schokolade. Dummerweise werde ich zeitgleich mit Godzilla fertig und wir verlassen gemeinsam das Geschäft. Vor der Tür drückt er mir ein lauwarmes Bier in die Hand, öffnet sich selbst eines und trinkt es in einem Zuge aus – ohne zu schlucken. Auch Mark kann sich nicht gegen den Nachschub wehren. Als dann auch German den Supermarkt verlassen hat, torkeln wir gemeinsam zurück zur Herberge. Auf dem Weg dorthin nuschelt der Dicke ununterbrochen: „Ich habe niemandem das Bier aufgedrängt. Ihr habt es selbst genommen, selbst genommen, selbst genommen…“

Sofort lasse ich mich auf einer Holzbank vor der Herberge nieder, packe mein Essen aus und verschlinge es in der inständigen Hoffnung auf seine aufsaugende Wirkung. Mark setzt sich zu mir und wir lachen uns schlapp über diesen verrück-

ten Abend. Der Dicke steht im Türrahmen der Herberge und bietet uns noch mehr Bier an. Wir lehnen erfolgreich ab. Dann kommt er mit Käsehäppchen und Avocado-Stückchen vorbei. Der Mann ist sehr fürsorglich, hat aber ein eindeutiges Alkoholproblem, sind wir uns sicher.
„Weißt du was?", schmatzt Mark. „German hat mir vorhin erzählt, dass der Typ selbst ein Pilger ist."
Eine Olive plumpst mir aus dem Mund. „Wie kommt er denn darauf? Ausgeschlossen", füge ich hinzu.
„Er hat doch diese Verletzung am Knöchel und ist deshalb seit ein paar Tagen hier. Und der richtige Herbergsvater hat ihm seinen Job überlassen, dafür darf der Dicke bleiben und sich auskurieren", erklärt mir Mark.
„Das ist das Verrückteste, das ich während meiner gesamten Reise gehört habe", ich schlucke ein Stück Brot hinunter.
„Keine Ahnung, was an der Geschichte dran ist", erwidert Mark.
Kauend blicken wir in den Sonnenuntergang.
Auf meinen Weg zum Bett komme ich mit zwei deutschen Pilgerinnen ins Gespräch. Sie haben einander über ein Onlineforum kennengelernt und sind sich erstmalig am Flughafen live begegnet. Nicht nur dort, sondern auch auf dem Jakobsweg harmonieren sie außerordentlich gut. Sie sind genau auf einer Wellenlänge und auf einem ähnlichen Fitnessniveau. Morgen wollen sie irgendwo zwischen Ribadeo und Gondán stoppen. Auf diesem Wegabschnitt gibt es keine Herbergen, sondern nur Pensionen. Ich bin ihrer Meinung: Bis Ribadeo ist die Etappe mit 13 Kilometern zu kurz und bis Gondán mit zusätzlichen 22 Kilometern zu lang. Wir beschließen, ein Zimmer zu teilen, und verabreden uns für 11:00 Uhr an der Touristeninformation in Ribadeo.
Na dann ist ja alles geklärt. Zeit zu schlafen.

Mit mir allein… Scheinbar bin ich doch gar nicht so schlecht darin, gelassen zu sein. Wenn ich überlege, mit welcher Coolness ich heute Morgen den Regen ignorierte, bin ich über mich selbst erstaunt. Nicht weniger verwundert war ich über den skurrilen Verlauf des Abends. Mehr als „Prost!" fällt mir dazu auch gar nicht ein...

19. Pilgertag: Tapia de Casariego-Vilela (20,7km) Allein, allein, allein! Bitte!

Mit geschlossenen Augen fummele ich mir den Schaumstoff aus den Ohren. Ich möchte das Meeresrauschen hören. Die Wellen des Ozeans schieben sich geräuschvoll an Land, Wasser schlägt an die Felsen, das Meer singt. Langsam werde ich munter. So sanft wach zu werden, ist toll. Der Sound scheint auch die anderen zu entspannen, denn mehr Pilger als sonst liegen noch in ihren Betten. Ich muss also ganz leise sein.

Und wie das so ist, wenn ich mir besonders große Mühe gebe, mich geräuscharm zu bewegen, endet das in einer Katastrophe. Zuerst gleiten mir meine Schuhe aus der Hand und knallen auf den Boden, dann segelt mein Wanderstab im Sturzflug hinab und zu guter Letzt bleibe ich mit meinem Rucksack zwischen Wand und Bettgestell hängen. Ich ziehe und reiße und schnelle schließlich ruckartig nach hinten raus. Mit einigen taumelnden Rückwärtsschritten gewinne ich mein Gleichgewicht zurück. Mehr oder weniger schleichend bewältige ich die Treppenstufen und husche ins Freie.

Auf der Bank von gestern Abend mache ich es mir bequem, ordne mein Gepäck und frühstücke ein Stück Brot. Nach weniger als zehn Minuten erblickt auch Godzilla das Licht des Tages und nähert sich mir mit frisch aufgeschnittener Avocado. „Maria, Maria!", ruft er. „Maria, Maria willst du?" Ich blicke auf einen Teller mit grünen Gemüsestücken. Ach, ich bin gemeint. Na ja, ob nun Mady oder Maria ist ja eigentlich auch egal. Ich nehme ein Stück, er lächelt zufrieden und geht zurück in die Herberge.

Bei einem angenehmen Sonnen-Wolken-Mix laufe ich los. Es gibt drei Möglichkeiten, um nach Ribadeo zu gelangen. Ich entscheide mich für den Küstenpfad. Er soll laut Handbuch am schönsten sein, ist aber nicht identisch mit dem markierten Jakobsweg. Ich werde offenbar mutiger, ich traue mich an Alternativwege heran.
Mit meinem Guide in der Hand befolge ich die Anweisungen. Ich passiere einen Campingplatz, laufe dann an weiten Maisfeldern vorbei, fotografiere einen einsam stehenden Baum, den der Wind verbogen hat. Die Wegführung entspricht dem beschilderten Küstenpfad E-9. Dennoch lese ich regelmäßig nach, ich will schließlich ganz sicher gehen, dass die teilweise stark zugewucherten Routen auch wirklich nach Ribadeo führen. Andere Menschen sind weit und breit nicht zu sehen. Der Ozeanwind pustet mir die Haare durcheinander und ich genieße den einsamen, nein, den alleinsamen Weg. Denn einsam fühle ich mich nicht.
An einer Pistengabelung empfiehlt der Autor, den E-9 zu verlassen und nach rechts zum Meer zu gehen. Ich traue mich und laufe nach Handbuch. Ich neige dazu, ganze Passagen auf einmal zu verschlingen, bemühe mich, mir die nächsten fünf Anweisungen zeitgleich einzuprägen, bis ich bemerke, wie sinnlos das ist. Nach 450 Metern eine Rechtskurve „links liegen lassen“, halb links abbiegen, dann prüfen, ob der Weg nach 100 Metern zu einem Pfad wird und ihm dann 800 Meter lang folgen, bis…
Wo lang jetzt? Ich zwinge mich zum „Step-by-Step-Denken“. Erst die Rechtskurve suchen, dann in Ruhe nachsehen, wie es weitergeht, 100 Meter weiterlaufen, wieder nachlesen. Das funktioniert doch viel besser, als alles auf einmal zu wollen und zu überstürzen. Und wieder bin ich an einem Punkt angelangt, an dem ich erkenne, dass zu viele und zu langfristig erzwungene Vorhaben mir nicht mehr als Verwirrung und Stress bringen. Ich muss eines nach dem anderen erledigen und nicht fünf Schritte im Voraus planen. Auf dem Jakobsweg

und genauso, wenn es um meine Zukunft geht. Punkt. Und damit fange ich hier in Spanien gleich einmal an. Also, Linkskurve und Stopp. Rechtskurve. Stopp. Geradeaus. Stopp…
Auf einem Streckenabschnitt, der mich wenig später direkt an der Steilküste entlang führt, verspüre ich Stolz. Der Blick auf den lebendigen Ozean ist atemberaubend und ich habe mich nicht verlaufen. Meine Schritt-für-Schritt-Navigation hat also funktioniert. Und weil es hier auch noch so schön ist, muss ich doch gleich mal eine Videoaufnahme machen. Ich lege die Kamera ins Gras mit Blickrichtung zum Meer. Dann drücke ich auf „Record“ und laufe quer durchs Bild. Ich nehme meine Cam wieder auf und schaue mir das Gefilmte an. Es besteht überwiegend aus Grashalmen, meine Füße sind gerade so noch zu erahnen. Ich benötige eine Erhöhung. Suchend sehe ich mich um und mein Blick bleibt an meiner Isomatte hängen. Ich ziehe die Schaumstoffrolle ab und lege sie auf die Wiese. Dann versuche ich die Kamera darauf zu positionieren, was überhaupt nicht funktioniert. Ständig rutscht sie weg, findet keinen Halt.
„Soll ich dir helfen?“, ertönt eine vertraute Männerstimme.
Mein Blick schnellt nach oben. Neben mir steht Mark. „Du kommst gerade richtig“, erstaunt drücke ich ihm meine Cam in die Hand.
Er schlüpft mit seiner rechten Hand unter die Trageschlaufe. „Ich frage mich nur, wieso und wo du mich überholen konntest. Ich bin doch vor dir losgelaufen“, wundert sich Mark.
„Keine Ahnung“, lache ich stolz und wedele mit meinem Guide. „Entweder das Buch ist besser oder meine Orientierung“, zwinkere ich ihm zu.
Nach Abschluss unserer Dreharbeiten schlendern wir weiter und treffen in einem Dorf auf die beiden Frauen, mit denen ich mich in Ribadeo verabredet habe. Sie sind dem markierten Jakobsweg gefolgt. Zu viert setzen wir unsere Tour fort.
Schon nach wenigen gemeinsamen Metern fällt mir auf, dass es mich enorm stört, ein Teil dieser Wandergruppe zu sein.

Ausgerechnet heute habe ich das große Bedürfnis, allein zu sein. Ich rede wenig und hinterlasse hoffentlich keinen allzu unfreundlichen Eindruck. Als wir auch noch eine Österreicherin treffen, sind wir schon zu fünft. Am liebsten würde ich ganz schnell oder ganz langsam laufen, um mich von den anderen abzusetzen.
Versteht mich bitte nicht falsch: Niemand von denen ist mir unsympathisch, aber ich habe absolut keine Lust auf menschliche Nähe – was sich eigenartig anfühlt. Bei jedem Schritt werde ich innerlich unruhiger. Warum? Passt das Tempo meiner Mitpilger etwa nicht zu meinem heutigen Laufrhythmus? Ich weiß es nicht, aber der Gedanke daran, dass ich mit Karen und Susi noch einige Kilometer zusammen laufen werde, um dann in eine gemeinsame Pension zu ziehen, macht es irgendwie noch schlimmer. Es kann wohl kaum daran liegen, dass ich die beiden nicht gut kenne. Neuen Pilgerbekanntschaften gegenüber bin ich doch immer sehr aufgeschlossen. Obwohl Susi und Karen sehr liebe Menschen zu sein scheinen, will ich aber allein sein – Aufgeschlossenheit hin oder her.
Über eine weiße 700 Meter lange Brücke in spektakulärer Höhe gehen wir Ribadeo entgegen. Zu linker Hand ist die Altstadt mit ihrem Kirchturm zu sehen und von rechts pustet der Meereswind. Nach Verlassen der luftigen Passage verabschiedet sich die Österreicherin, die hier in der Herberge bleiben möchte. Mark, die zwei Frauen und ich laufen ins Zentrum zur Touristeninformation. Dort erkundige ich mich nach verfügbaren Pensionen auf den nächsten Kilometern und die drei anderen warten in einem Café. Als ich endlich an der Reihe bin, kann ich es kaum fassen: In Vilela, sieben Kilometer hinter Ribadeo soll es eine Herberge geben, die nicht in meinem Handbuch aufgeführt ist. Sofort wird mir klar, was das für mich bedeutet: Ich kann mich von der Gruppe absetzen und allein weiterpilgern. Strahlend kehre ich zu den Dreien zurück und berichte ihnen davon. Ohne noch einen

Kaffee mit ihnen zu trinken, verabschiede ich mich. Sicherlich ist das unhöflich. Das tut mir auch sehr leid, aber heute kann ich einfach nicht anders. Ich flitze ins nächste Café, das Chocolate con Churros anbietet und atme erleichtert auf. Endlich allein.

In aller Ruhe sehe ich mir das geschäftige Städtchen an und schreibe am Hafen Postkarten. In einer schattigen Gasse vertilge ich Obst und Kekse. Zum frühen Nachmittag beginne ich mit meiner Suche nach dem Jakobsweg. Ich irre durch Straßen, befrage Passanten, folge kurz einer Muschelmarkierung, die sich im Nichts auflöst, und laufe zur Touristeninformation zurück. Die Dame, die mir zuvor von der Herberge erzählt hat, will gerade ihre Siesta einläuten. Ich halte sie auf und lasse mir geduldig den Weg erklären. Dank des Papierstadtplanes, den sie mir aushändigt, finde ich die richtige Route sofort.

An diesem Ort verlässt der Jakobsweg übrigens die Küste und heißt nun Nördlicher Weg. Ich befinde mich jetzt in Galicien und ab hier wird der Muschelwegweiser anders gelesen als bisher. Das offene Ende deutet nach Santiago. So habe ich das auch vom Camino Francés in Erinnerung. Kein Wunder,

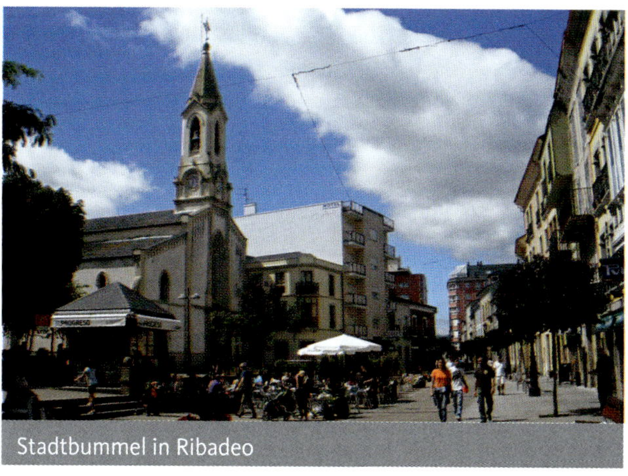

Stadtbummel in Ribadeo

dass mich die Markierungen in der Stadt vorhin so in die Irre geführt haben.
Über Pisten und Asphaltwege leitet mich mein Weg durch grüne Hügellandschaften und Wälder. Andere Pilger sind nicht in meiner Nähe. Ich genieße.
Gegen 16:00 Uhr treffe ich in Vilela ein. Bis auf eine zittrige, weißhaarige Omi ist hier niemand. Ich frage nach der Herberge, sie schickt mich zum Ortsausgang. Dort befindet sich eine Bar, deren Besitzerin mich vor dem Lokal links in einen Weg schickt, an dessen Beginn nur ein verblichener gelber Pfeil schimmert. Ich betrete das Haus. Es ist vollkommen leer. Ein riesiger Schlafsaal mit etwa vierzig neuen Betten und zwei sehr gepflegten Bädern tut sich vor meinen Augen auf. Vorsichtig hauche ich: „Hallo?" Es ist niemand hier. Niemand. Ich habe die Herberge für mich allein. So viel Alleinsamkeit wollte ich dann doch nicht. Unsicher kehre ich nach draußen zurück und werde auf einen Feldarbeiter aufmerksam. Ich frage nach den Herbergsbetreibern.
„Darum kümmert sich die Guardia Civil. Die kommen so gegen acht", nuschelt er.
Die Guardia Civil? Davon habe ich schon einmal gehört. Das ist eine Polizeieinheit, die sowohl militärische als auch zivile Funktionen erfüllt. Manchmal ist sie für die Pflege und das Aufschließen von Herbergen zuständig. Ich plane, vorerst zu bleiben und das Alleinsein weiter zu genießen. Ich dusche sehr lange, wasche in aller Ruhe meine Wäsche und hänge sie vor der Herberge auf. Leider zieht sich der Himmel zu und verleiht dem verlassen wirkenden Ort eine Mystik, die mir überhaupt nicht gefällt. Ich darf gar nicht daran denken, dass ich hier vollkommen alleine bin. Was mache ich denn, wenn niemand mehr herkommt? Kann ja passieren. Schließlich findet diese Unterkunft nicht einmal in meinem, sonst so detaillierten Reiseführer Erwähnung. Was für eine Gruselvorstellung: Allein in dem riesigen Schlafsaal, als Frau, die

ganze Nacht, am Rande eines „Geisterdorfes". Meine Fantasie geht mit mir durch. Ich versuche mich zu beruhigen. Es ist halb sechs. Vielleicht kommt ja doch noch jemand. Und wenn nicht, werde ich meine Bedenken den Jungs von der Guardia Civil mitteilen und dann sehen wir weiter. Abwarten, Mady, abwarten.

Und da ich heute ja eigentlich so versessen bin auf Alleinsamkeit, zwinge ich mich dazu, das jetzt auch zu genießen. Ich blockiere sämtliche Steckdosen, lade all meine technischen Geräte auf, sehe mir mein Videomaterial an und schreibe – ausnahmsweise mal in Schönschrift – Postkarten.

Es ist 19:00 Uhr, als ich mir ein Brot belege und Männerstimmen und Motorengeräusche vernehme. Drei dünne Kerle, maximal 20 Jahre alt, betreten das Gebäude.

„Hi, ich heiße Mady", begrüße ich die drei überschwänglich. Artig stellen sich die Brillenträger vor. Die Spanier studieren im ersten Semester Mathematik. „Die sind harmlos", freue ich mich still über ihre Ankunft. Meine dann doch ungewollte Alleinsamkeit findet ein Ende.

Die Jungs wollten eigentlich in Ribadeo nächtigen, doch dort war die Herberge schon belegt, sodass sie beschlossen haben, mit einem Taxi hierher zu fahren. Irgendjemand hat ihnen den Tipp mit dieser Unterkunft gegeben. Wir unterhalten uns eine Weile und ich erfahre, dass die drei Bekanntschaft mit Godzilla gemacht haben. Er ist tatsächlich ein Pilger und heute bis Ribadeo getorkelt. Dann ist es also doch wahr…

Noch eine Stunde später treffen vier weitere Spanier ein – zwei Jungs, zwei Mädels. Nun sind wir schon zu acht, wobei es auch bleibt.

Erst um 21:00 Uhr kommen vier Männer von der Guardia Civil, leeren die Mülleimer, kassieren fünf Euro und stempeln uns die Pilgerpässe ab.

Die Mathematiker wollen im Dorfrestaurant noch etwas essen, ich schließe mich ihnen an. Schnell stellt sich heraus, dass sie

„nett“ sind, aber nicht sonderlich gesellig. Sie starren beim Essen wie gebannt auf den Plasma-TV über uns, schieben sich beim Hinausgehen vor mir aus der Tür heraus und bekommen kaum ein belangloses Gespräch auf die Reihe – alles Dinge, die ich von den bisherigen männlichen Pilgerbekanntschaften so nicht gewöhnt bin. Mir macht das aber überhaupt nichts aus, ich verstehe sie sowieso ziemlich schlecht und muss mich weniger konzentrieren, wenn wir kaum miteinander reden.

Mit mir allein… Ich bin ein wenig mutiger geworden, in Bezug auf den Wegverlauf. Noch zu Beginn meiner Reise wäre es mir nicht in den Sinn gekommen, fernab von Markierungen zu wandern. Jetzt schon und weil ich mich nicht verlaufen habe, bin ich sehr stolz. Nachdem ich merkte, wie gut ich mich allein orientieren konnte, wollte ich schon gar nicht mehr in der Nähe anderer Menschen sein und erlebte ein völlig neues Gefühl: Eine heftige Abneigung gegen menschliche Nähe. Ich glaube nicht, dass der Ursprung dieser Emotionen darin liegt, dass ich erfuhr, wie gut ich allein zurechtkomme. Das würde ja bedeuten, dass mir Begleiter nur Mittel zum Zweck sind und das ist nun vollkommen absurd. Dennoch ist es schon irgendwie seltsam, dass ich gerade heute unbedingt allein sein wollte. Zumindest bis zum frühen Abend, denn danach sah alles schon wieder ganz anders aus und ich habe erkannt, dass Alleinsein Segen und Fluch zugleich ist.

20. Pilgertag: Vilela-Vilanova de Lourenzá
Bitte nicht befruchten! (21,4km)

Mein Versuch, bis 7:30 Uhr zu schlafen, scheitert, weil die drei Mathefreaks so laut sind, dass an ein Weiterdösen nicht zu denken ist. So stelle ich mich tot, bis sie verschwunden sind, und begebe mich dann selbst auf den Weg. Ich starte in eine trübe, bewölkte Landschaft, muss oft bergauf laufen, atme das Aroma von Eukalyptuswäldern ein.

Nach einigen Stunden bekomme ich Lust, mich mit jemandem zu unterhalten. Den Einzelgänger-Trip von gestern habe ich überwunden. Und weil Wünsche hier nun einmal wahr werden, schließe ich Bekanntschaft mit Maite und Joaquín. Die beiden sind um die Fünfzig, offensichtlich glücklich verheiratet und haben zwei Söhne in meinem Alter. Sie stammen aus Sevilla und für Maite ist es die erste Pilgerschaft. Im Gegensatz zu ihrem Mann ist sie nicht ganz so sportlich und der Weg für sie eine echte Herausforderung. Etwa vier Monate lang hat sie mit Wanderungen im Park dafür trainiert. Ihr Mann motiviert sie liebevoll, klatscht nach steilen Anstiegen mit ihr ab, bewundert sie. Sein Stolz strahlt aus seinen tiefdunklen Augen. Beide arbeiten als Lehrer und sind unglaublich sympathische Wanderpartner. Ich fühle mich wohl bei ihnen – beschließe die Etappe mit ihnen zu beenden.

Gemeinsam pausieren wir in einem Dorf und brechen auf, als ein penetranter Sprühregen einsetzt. Erst seit drei Tagen sind die beiden als Pilger unterwegs, wollen nun aber unbedingt bis Santiago laufen. Ihr Gepäck ist auf das Allernotwendigste reduziert. Sie schlafen in reservierten Pensionen und müssen sich nicht mit einem Schlafsack abschleppen. Proviant haben sie auch nicht dabei, da sie in Restaurants speisen. „Wir sind nicht mehr die Jüngsten, wir sind Luxus-Pilger“, lacht Maite.

Ich laufe total locker und entspannt neben den beiden. Mein Spanisch wird immer flüssiger, mein Gang leichter.

Gemeinsam treffen wir in Vilanova de Lourenzá ein und das schon um 14:00 Uhr. Maite ist stolz auf sich, Joaquín klatscht wieder mit ihr ab. Im Ortskern trennen sich unsere Wege. Die beiden suchen ihre Pension, ich frage mich zur Herberge durch. Schon von Weitem erkenne ich German in seinem neongrünen T-Shirt. Er steht vor der Unterkunft und hängt Wäsche auf. Ob er weiß, was es mit dieser Herberge auf sich hat? Früher war dieses Haus ein Zentrum für künstliche Besamung, verrät mir mein Reisehandbuch. Nun ja. Ich begrüße German und setze vorsichtig einen Fuß in das Gebäude. „Hof-

fentlich werde ich nicht über Nacht schwanger“, denke ich und beziehe ein Bett in der oberen Etage.
Ich telefoniere mit meinem Freund Andres, der heute seinen Geburtstag feiert. Er ist gerade in dem Ort, in dem ich morgen sein werde, und wir sind ein wenig wehmütig, weil wir den Abend nicht gemeinsam verbringen können.
Nach dem Gespräch schlendere ich in die Stadt. Ich habe Hunger und brauche dringend einen Supermarkt. Davon gibt es hier gleich zwei - zwei Märkte, die geschlossen sind, weil die Spanier ihr Nickerchen, ihre Siesta, halten. Erst in knapp zwei Stunden kann ich einkaufen. Das können die mir doch nicht antun! Bis dahin bin ich garantiert vollkommen abgemagert, liege geschwächt in einer Straßenecke, werde von Aasgeiern umkreist und beginne unangenehm zu riechen. Ich bin noch zu jung zum Sterben, beschließe ich und betrete eine Bar. Dort kaufe ich mir zur Rettung meines Lebens ein Magnum Mandel-Eis. Auch in diesem Lokal bin ich, wie so oft, die einzige Frau. Ich starre auf den Riesenplasmabildschirm über mir. Eine schrille Ratesendung, deren Spielregeln mir auch nach zwanzig Minuten noch nicht klar sind, dudelt so vor sich hin. Als ich gerade dabei bin, das Programm zu durchschauen, wird auf die Tour de France umgeschaltet. Sofort weiß ich, worum es geht: Fahrradfahren und das möglichst schnell. Ich bewundere die Beinmuskeln der Radler, die Landschaft, durch die sie sprinten, und plötzlich werden meine Augenlider ganz, ganz schwer. Und zack fällt mein Kopf ruckartig nach vorn. Ich erschrecke, setze mich auf, nicke wieder ein, erschrecke erneut, schlafe ein…
So mache ich das bis 17:00 Uhr, um pünktlich den Supermarkt betreten zu können. Mit einer gefüllten Plastiktüte bewaffnet, gehe ich dann zum Kirchplatz, verschlinge Cola und Cashewkerne und besuche die Monumentalkirche aus dem 18. Jahrhundert. Die einzige Notiz, die ich dazu in meinem Büchlein finde, lautet: „Kirche Lourenzá besichtigt = recht dunkel“.

Meine nächste Mission lautet: Postkarten und Briefmarken kaufen. Für den Erwerb der Briefmarken renne ich nur drei Mal durchs Dorf; aber um Karten zu finden, erkunde ich den Ort fünf Mal. Ende der Aktion: In einem „Wir-kaufen-alles-an-und-verkaufen-alles-das-Sie-und-wir-nicht-mehr-wollen-Laden" gibt es eine Handvoll Postkarten. Das einheitliche Motiv: Die Kirche.

Nachdem ich alles erledigt habe, wandere ich zur Herberge zurück. German und die Österreicherin von gestern kommen mir entgegen. Sie wollen gemeinsam shoppen gehen, da German seine Jacke irgendwo liegenlassen hat. Er vergisst generell sehr viel, gibt er zu. Einmal musste er mit einem Bus ein paar Kilometer zurücktuckern, um seine verbummelten Wanderstöcke zurückzubekommen. Ich schließe mich den beiden an: „Die haben hier nur ein einziges Postkartenmotiv im Angebot und dann soll es ein Sportgeschäft geben?", will ich wissen.

„Ja, ein richtiger Sportladen muss das sein", bestätigt Elke.

Obwohl ich den Ort nun ganz gut kenne, weiß ich nicht, wo es die Sportsachen geben könnte. Wir fragen uns durch und werden nach einer halben Stunde fündig – ganz im Gegensatz zu German, der keine passende Jacke entdeckt. Wir verschwinden wieder und setzen uns in ein Café. Es nieselt sowieso gerade mal wieder und da ist die heiße Koffeinspritze genau das Richtige. Es dauert nicht lange, bis sich mein spanisches Ehepaar zu uns setzt. Von den vier oder fünf Bars, die es gibt, haben sie sich für diese hier entschieden. Ich freue mich, sie wieder zu sehen, und auch sie schätzen unsere Gesellschaft so sehr, dass Joaquín heimlich die gesamte Rechnung begleicht.

In der Herbergsküche ist es bei unserer Rückkehr recht voll. Etwa zehn Pilger sitzen am langen Holztisch. Ich komme mit einem Deutschen ins Gespräch. Alberto, ein schlanker, hochgewachsener Student mit schwarzem Vollbart, ist seit 91 Tagen als Pilger unterwegs. Er hat seine Tour vor der Haus-

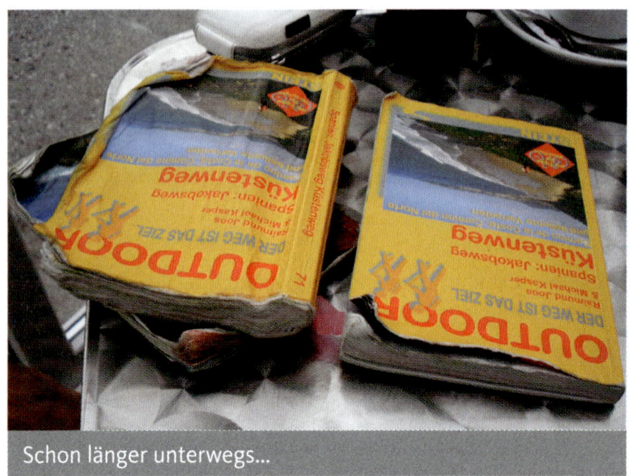

Schon länger unterwegs...

tür in München begonnen. Warum er das macht? Er ist religiös und interessiert sich für Europa. Selten folgt er dem markierten Jakobsweg, sondern läuft Nebenwege, die er sich selbst sucht oder empfehlen lässt. Dank seiner spanischen Mutter ist er zweisprachig aufgewachsen, spricht aber auch noch Französisch. Frankreich hat ihm bisher am besten gefallen. Seine Etappen sind mit dreißig bis vierzig Kilometern recht lang.

Staunend hänge ich an seinen Lippen. „Und warst du mal krank?“, will ich wissen.

„Kaum. Einmal hatte ich eine leichte Magenverstimmung. Nur letzte Woche, da habe ich mich erkältet. Ich denke, ich hatte auch Fieber, bin aber trotzdem weitergelaufen. Ich habe Lust, endlich anzukommen.“

„Und was hat dieser lange Weg mit dir gemacht?“, forsche ich weiter.

„In erster Linie bin ich ehrlicher zu mir selbst geworden. Ich frage mich, ob ich Dinge in der Vergangenheit tatsächlich so gemacht habe, wie ich es bisher dachte und wenn ja, warum ich das tat. Generell denke ich länger und intensiver über alles Mögliche nach.“ Er beißt in sein Brot. „Ich legte mir vor der Reise ein neues Handy zu. Die Nummer haben nur drei Leute…“

Auch ich esse mein Brot. „Mich hat der Weg gelassener gemacht", murmele ich.
Alberto nickt. „Die Reise bedeutet mir viel, aber wie gesagt, jetzt freue ich mich auf ihr Ende."
Es ist halb elf. „Es war schön, dich kennenzulernen", verabschiede ich mich.
Ich liege in meinem Bett. Im Halbdunkel erahne ich noch mindestens vier freie Betten. Mit insgesamt zwanzig verfügbaren Schlafplätzen ist die Herberge nicht riesig und es wundert mich, dass sie nicht komplett belegt ist. Vielleicht liegt es daran, dass am 25. Juli Santiagotag ist. Viele, die ich getroffen habe, wollen an diesem Tag dort eintreffen, um ihre Pilgerschaft gebührend zu feiern. Wahrscheinlich ist deshalb ein großer Pilgerschwung schon näher am Ziel und die Herbergen hier sind nicht mehr ausgelastet.

Mit mir allein… Im Gegensatz zu gestern, gefiel es mir, beim Wandern jemanden an meiner Seite zu haben. Ich glaube nicht, dass es mich sehr gestört oder gar zermürbt hätte, wenn ich allein geblieben wäre, dennoch war es mir lieber meine Zeit mit zwei so herzlichen Menschen wie Maite und Joaquín zu verbringen. Warum? Es ist einfach nur ein Gefühl gewesen… Und manchmal tut es mir eben gut, mich von Emotionen leiten zu lassen.

21. Pilgertag: Vilanova de Lourenzá-Gontán
Widerling am Wegesrand (26,1km)

Das Höhenprofil der heutigen Etappe ist beeindruckend. Ich werde länger unterwegs sein als sonst. So sitze ich schon um 7:00 Uhr im Schummerlicht in der Küche und stärke mich mit einem belegten Brot. Regen prasselt an das Fenster. Kauend sehe ich mich im Raum um. Eine Pinnwand erweckt meine Aufmerksamkeit. Ein weißer Zettel stellt in sämtlichen Sprachen die Herbergsregeln klar und schreibt vor, wann man die

Herberge morgens verlassen muss. Bei der deutschen Übersetzung angelangt, steht fest, dass der spanische Originaltext einfach nur in den Google-Übersetzer hinein- und anschließend wieder herauskopiert wurde. Er lautet: „Sie müssen das Tierheim von 08:00 Uhr bis 09:00; Uhr Wir entschuldigen uns für die nächste Wallfahrt zu reinigen. Dank." Ein Brotkrümel fällt mir aus dem lachenden Mund. Das Wort „Tierheim" hat jemand mit Kugelschreiber durchgestrichen und in krakeliger Schrift „Herberge" darüber geschrieben. Was den Körpergeruch von uns Pilgern angeht, ist die Übersetzung mit „Tierheim" vielleicht gar nicht so verkehrt gewählt. Ich fahre mit einem Deoroller über meine Achseln, setze mir den Rucksack auf und starte belustigt in den trüben und feuchten Morgen.

Ach ja, Humor ist so schnell vergänglich, seufze ich. Nirgendwo finde ich Wegmarkierungen. Ich laufe zur Kirche, erkundige mich bei einer Passantin, die ratlos ist. Ich halte ein Auto an. Die Fahrer kennen den Weg nicht. Ich frage in einem Café. Die Kellnerin zuckt mit den Schultern. Einer ihrer Gäste schickt mich schließlich auf eine Straße zum Ortsausgang. Der Weg sieht so gar nicht nach Jakobsweg aus. Ich finde mich am Friedhof wieder.

Schon seit zwanzig Minuten irre ich umher. Es wird immer dunkler statt heller. Mein Blick schweift über das Gräberfeld. Dicke schwarze Wolken schieben einander über den Himmel. Der Regen wird stärker. Ich bekomme eine Gänsehaut. Mürrisch ziehe ich meine Kapuze tief ins Gesicht. Regentropfen fallen von dem kleinen Schirm auf den nassen grauen Asphalt. Laut fluchend stürme ich die Friedhofsstraße wieder hinab. „Verdammt! Wo ist dieser verflixte Weg?", brülle ich die fetten, schwarzen Wattebäusche über mir an. Gerade heute, wo die Etappe selbst hart genug ist, verliere ich so viel Zeit und vor allem Energie.

Zielstrebig nehme ich den Weg zurück zur Herberge, um noch einmal von vorn anzufangen. Kurz bevor ich sie erreiche, entdecke ich endlich eine Pilgermuschel und eine Piste, die bergauf durch einen düsteren Wald führt. Wieder bekomme ich eine Gänsehaut. Dieser dunkle Ort jagt mir einen Angstschauer über den Rücken. Andere Pilger sehe ich nicht. Es hilft nichts: Augen zu und durch! Schritt für Schritt gehe ich weiter und versuche sämtliche Gedanken an Horrorgeschichten aus meinem Kopf zu verbannen.

Ich bleibe locker und freue mich riesig, endlich in Mondoñedo anzukommen, denn hier ist es viel belebter. Der Ort gilt als einer der schönsten des Küstenweges mit einem Stadtzentrum aus Granitbauten und Schieferdächern. Schon von Weitem kann ich die romanisch-gotische Kathedrale aus dem 13. Jahrhundert erkennen, denn die Wolkenfront ist aufgerissen und macht einem blauen Himmel und der Sonne Platz.

In einem Café mit direktem Blick auf das imposante Gotteshaus schlürfe ich einen Milchkaffee. Bereits nach kurzer Zeit bekomme ich Gesellschaft von Langstreckenpilger Alberto sowie Joaquín und Maite. Die beiden sind beeindruckt von Albertos Reise und seinem perfekten Spanisch, das ihrer Meinung nach vollkommen akzentfrei ist. Ist schon klasse, wenn

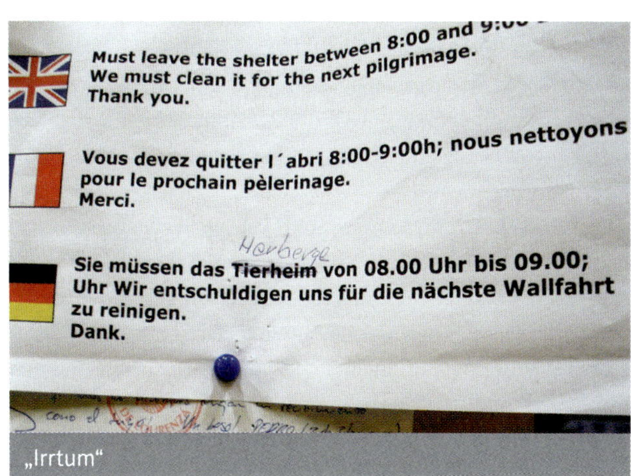

„Irrtum“

Kinder zweisprachig aufwachsen, stellen wir fest und verabschieden uns voneinander.
Ehrfürchtig starte ich zu meiner Bergetappe. Mit einer Smiley-Zeichnung weist mein Guide darauf hin, dass der Abschnitt lange nicht so hart ist, wie das Höhenprofil vermuten lässt. Und das stimmt. Natürlich geht es heute oft bergauf, aber es ist machbar. Das liegt vielleicht auch daran, dass ich mich auf Härteres eingestellt habe. So hat mich Andres gestern am Telefon vor der Heftigkeit dieser Strecke eindringlich gewarnt. Ich überhole drei ungarische Frauen, die ich schon einige Male zuvor getroffen habe. Zwei von ihnen haben ein ernsthaftes Problem mit ihren Beinen und bewegen sich nur in Zeitlupe. Wir unterhalten uns kurz und dann laufe ich zügig weiter.
Ich komme sehr gut voran. Inmitten saftiger Berglandschaften schlängelt sich der Jakobsweg höher und höher hinauf. Ich streife durch verlassene Siedlungen, laufe an verfallenen Häusern entlang. Schon seltsam, dass hier früher mal Leben stattgefunden haben soll. Jetzt spaziert kein einziger Einheimischer mehr entlang, genauso wenig wie andere Pilger. Die drei Ungarinnen sind sicherlich weit abgeschlagen. Hoffentlich müssen sie ihre Reise nicht abbrechen, wünsche ich ihnen.
Ich frage mich, womit ich es verdient habe, so gut durchzukommen. Meine Muskeln und Gelenke sind unbeschädigt, ich hatte bisher keine Magen-Darmprobleme, keinen Schnupfen und auch keine Bettwanzen. Ich bin dankbar für meine körperliche Unversehrtheit.
Und in diesem Moment größter Dankbarkeit passiert genau das, wovor ich am meisten Angst habe: Ich passiere ein zugewachsenes Grundstück mit einer bruchfälligen Einfriedung. Ein dicker Kerl mit tiefschwarzen Haaren sitzt am Zaun. Überrascht, einen Einheimischen zu sehen, grüße ich wie immer freundlich. „¡Buenos días!“, Ich nicke dabei und laufe weiter. Der Typ hingegen erhebt sich, zieht sich seine Hose hoch und brummt irgendetwas, das sich anhört wie: „Mädchen, Mädchen!“

In Fallgeschwindigkeit saust mein wild pochendes Herz in meine Kniekehlen, die schlagartig butterweich werden – genauso wie der Rest meines Körpers. Sofort realisiere ich, warum der Widerling seine Hose unten hatte. Nach einem Toilettengang sah das jedenfalls nicht aus. Instinktiv beschleunige ich meinen Schritt und greife nach meinem (ausgeschalteten) Handy, klappe es auf, drücke es fest an mein Ohr und gebe vor zu telefonieren. „Yes, yes! Where are you, my friend?", brülle ich überschwänglich in den Hörer und gestikuliere dazu ausladend. Meine Spanischkenntnisse haben sich vor Schreck gleich ganz aus dem Staub gemacht. Ich drehe mich nicht um, laufe zügig weiter. Nach mehreren Kurven wage ich einen Blick zurück. Der Typ ist nicht zu sehen. „Zu Fuß kann der Pummel sowieso nicht mit mir mithalten", baue ich mich auf und beruhige mich langsam wieder. Ich neige dazu, mich in Dinge hineinzusteigern, so verlangt es mir viel ab, nun wieder zu entspannen und die Situation herunterzuspielen. Es ist ja auch nichts Brenzliges passiert und es gibt keinen Grund, sich unnötig verrückt zu machen. Es funktioniert. Mein Herzschlag normalisiert sich, meine Muskeln werden wieder fester. Und: Das Ganze hat auch etwas Positives. Kurz nach der unangenehmen Begegnung hat nämlich die steilste Passage der gesamten Bergetappe begonnen. Diesen Teil bin ich förmlich hinauf geflogen. Von Anstrengung keine Spur. Wie ein Pfeil schieße ich weiter voran auf den höchsten Punkt und mache ein Foto, das das weite Tal zeigt, aus dem ich gekommen bin.

Ich würde sehr gern eine Brotzeit am Wegesrand einlegen, aber – obwohl der kleine Zwischenfall etwa ein bis zwei Stunden her ist – fehlt mir dazu die Gelassenheit. Ich stelle nur kurz meinen Rucksack ab, fummele mir Baguette und Käse heraus und praktiziere „Eat and Go". Die Nachteile, die einen als allein wandernde Frau ereilen können, blende ich erfolgreich aus – auch wenn es mich immer noch empört, dass es solche abartigen Exhibitionisten gibt, die offensichtlich ganz bewusst „erwischt werden wollen".

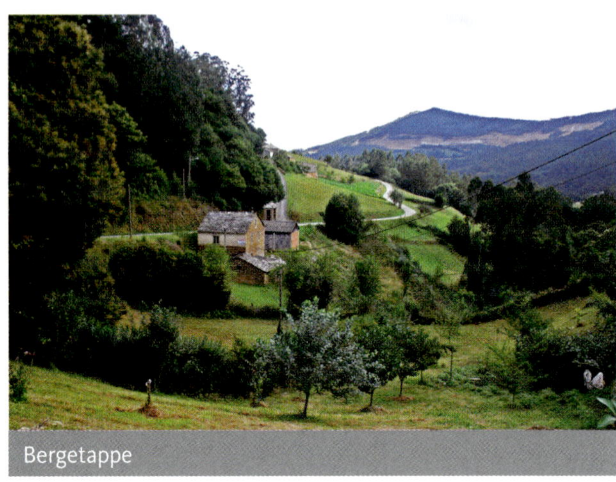

Bergetappe

Es ist seltsam. Unterbewusst hatte ich schon die ganze Zeit über so eine Vorahnung. Ich befürchtete, dass ich eine unangenehme Begegnung dieser Art erleben könnte. Immer wenn diese Ahnung ein Stück zu weit in mein Bewusstsein rückte, dann versuchte ich sie zu verdrängen. Schließlich weiß ich, dass man gewisse Dinge – sofern man sich lange und intensiv genug mit ihnen auseinandersetzt – auch bekommt. Im positiven, wie im negativen Sinne. Glücklicherweise beruht der Großteil meiner Erfahrungen auf der Anziehungskraft von guten Erlebnissen. Aber wenn das so herum funktioniert, warum dann nicht auch andersherum? Meine Befürchtung, auf einen Exhibitionisten zu treffen, war unterschwellig so präsent, dass ich solch ein Ereignis förmlich angezogen habe. Ich gebe zu, dass das ein wenig abgehoben klingt. Schließlich habe ich mir das nicht gewünscht, wie zum Beispiel die Wanderbegleitung, aber ich befürchtete es und manchmal werden eben auch Bedenken wahr. Im Umkehrschluss – und das ist das Tröstende daran – kann ich auch alles Gute bekommen, was ich wirklich will. Ich muss nur fest genug daran glauben. Das ist eine beruhigende Erkenntnis, gerade wenn es um die Zeit nach meiner Reise geht.

Es ist nun nicht mehr sonderlich weit bis zum Etappenziel Gontán und ich pilgere weiter, so wie ich es sonst auch tue. Ich laufe auf einer Asphaltstraße entlang. Es gelingt mir, wieder gelöster zu wandern. Solange, bis ein blaues Auto an mir vorbeifährt. Sekunden nach dieser Überholung schreit eine Männerstimme: „Heeeeeee!" Ich folge der Geräuschquelle und falle fast in Ohnmacht vor Schreck. Der Widerling von vorhin steht neben seinem Auto auf einer Schotterfläche an der Straße. Neben ihm befindet sich eine alte, verfallene Ruine. Er grölt irgendetwas und schiebt sein fleischiges Becken und seinen runden Bauch vor und zurück, so als würde er einen Elefanten begatten. Andere Menschen habe ich ewig nicht mehr gesehen. Kochendheißes Blut schießt mir in den Kopf, mein Herz pocht wie das eines Kolibris. Ich beschleunige mein Tempo, sodass ich beinahe renne. Währenddessen hole ich mein mittlerweile eingeschaltetes Handy aus der Tasche, tippe mit zitterndem Zeigefinger die 112 ein, betätige aber nicht die Wahltaste. Ich tue wieder so, als würde ich mit jemandem sprechen und brülle übertrieben laut ins Telefon. Ich beginne zu rennen. Wie angestochen stürme ich in den Ort Gontán, der zu meinem Glück nur noch ein paar Hundert Meter entfernt ist. Ich ringe nach Luft, schaue mich um. Das blaue Auto ist nicht in Sicht.

Ich erinnere mich an die alte Frau, die mich gefragt hat, ob ich denn so allein gar keine Angst hätte? Ab sofort lautet meine Antwort auf solche Fragen: „Ja!"

Nachdem ich mich halbwegs gesammelt habe, betrete ich die Herberge. Der junge Hospitalero begrüßt mich freundlich.

„Hast du noch ein Bett frei?", will ich wissen.

„Du hast Glück. Eine von 24 Liegen ist noch verfügbar."

Wow, der Widerling hat mich so sehr zur Eile angetrieben, dass ich ihm meinen Schlafplatz zu verdanken habe… Ich bezahle fünf Euro, nehme die Einwegbettwäsche entgegen und lasse mir das freie Bett zeigen.

Frisch geduscht gehe ich in den Supermarkt und entscheide mich ohne lange zu zögern für eine große Dose Bier. Damit setze ich mich in die Sonne vor der Herberge. Alberto, der Hospitalero, gesellt sich zu mir. Wir plaudern. Ich nehme ein paar große Schlucke von meinem Getränk. So langsam werde ich ruhiger.

„Das ist ein gutes Bier“, deutet Alberto auf meine Dose. „Kann fast mit eurem deutschen Gerstensaft mithalten“, lacht er.

„Das kann ich heute auch gut gebrauchen.“ Ich erzähle ihm von meiner unangenehmen Begegnung.

Aufmerksam und mit sorgenvollem Blick hört er mir zu.

„… und dann bin ich nur noch hierher gerannt“, beende ich meine Ausführungen.

Alberto entschuldigt sich für seinen ungehobelten Landsmann. Es tut ihm schrecklich leid, was mir da passiert ist. Er fragt mich, wie der Typ ausgesehen hat, was er für ein Auto fuhr, ob ich mich an das Kennzeichen erinnern würde. Diese Fragen kann ich ihm leider nur sehr spärlich beantworten. Dennoch will er den Vorfall der Polizei melden. „Gut, dass du mir das erzählt hast. Ich kümmere mich darum.“

Am Abend durchblättere ich das Gästebuch und werde auf eine Notiz von Andres aufmerksam. Darin grüßt er mich, schreibt, wie sehr er den gemeinsamen Wegabschnitt mit mir genossen hat und dass er mich vermisst. Wenn er wüsste, wie gern ich ihn gerade heute bei mir gehabt hätte... Ich schiebe das Buch zu Lucia hinüber. Lucia ist eine Spanierin, die seit Jahren in Paris lebt und die ich vor einigen Tagen, als ich noch mit Andres unterwegs war, getroffen habe. Wir erzählen eine Weile, bis sie sich etwas zum Essen kocht. Ich langweile mich ein wenig und halte Ausschau nach Gesprächspartnern. Im Aufenthaltsraum der gepflegten Herberge sitzen die vier Polen. Als sie mich sehen, bieten sie mir sofort einen Platz und etwas zum Knabbern an. Dankbar für die bekannten Gesichter, greife ich zu. Nach einer Weile stoßen vier sehr junge Pilger zu uns. Ich habe sie schon einmal in der „geheimen Herberge“ in Vilela gesehen. Drei von ihnen stammen aus Ecuador und leben seit zehn Jahren in Spanien. Sie sind zwischen 19 und 20 Jahren alt – die beiden Schwestern und die Jungen, die nicht ihre „festen Freunde“ sind. Ihre Eltern wollten für die Kinder eine bessere Zukunft, deshalb der Umzug nach Spanien – wo die Pilger nun auch seit kurzem studieren. Der gebürtige Spanier hat einen deutschen Vater und freut sich, mit mir auf Deutsch kommunizieren zu können. Auch er wuchs zweisprachig auf. Weil seine Kenntnisse aber etwas eingeschlafen sind, wie er selbst sagt, höre ich einen starken spanischen Akzent heraus. Gegen 22:00 Uhr liege ich in meinem Bett und lasse die Ereignisse des Tages Revue passieren. Ich schüttele mich, als sich das Bild des aufgedunsenen Typen in meinen Kopf drängt. Ich ziehe mir den Schlafsack bis über die Ohren und wünsche mir, dass ich keine Albträume bekomme.

Mit mir allein… Ich erlebte gleich zwei Situationen, in denen ich lieber nicht allein gewesen wäre. Am Morgen verlief ich mich erneut und stellte fest, wie unangenehm mir das ist. Aber warum komme ich eigentlich so schlecht damit klar? Vielleicht, weil es völlig normal ist, dass ich mir eine Begleitung herbeisehne, wenn ich mich verirrt habe? Wenn es im Leben mal nicht so gut läuft, dann brauche ich doch auch meine Familie und Freunde, die mit mir zusammen nach Auswegen suchen. Ja, so ist es…
Ich nehme an, es überrascht Euch nicht, dass ich die Begegnung mit dem Exhibitionisten als weitere Situation erkannt habe, in der ich gern Gesellschaft gehabt hätte. Wahrscheinlich wäre es dann auch gar nicht passiert. Trotzdem hat dieses Erlebnis mich etwas gelehrt: Schlechtes kann Vorteile mit sich bringen – auch wenn das letzte freie Bett an dieser Stelle als sehr dünner Strohhalm erscheint. Aber irgendwie muss ich mich ja aufbauen…

22. Pilgertag: Gontán-Vilalba (19,7km)
Eine Haarfrisur zum Verlieben

Ich sitze in einer Bar, trinke Kaffee und beobachte die Außenwelt durchs Fenster. Während meiner Frühstückspause hier in Abadín zähle ich fünf Pilger, die draußen vorbeilaufen. Ob da jemand dabei ist, dem ich mich anschließen könnte? Jemand, der dafür sorgt, dass ich nicht blöd angebaggert werde? Eher nicht. Ich bin zwar seit gestern etwas verängstigt und wünsche mir für heute Gesellschaft, aber so schlimm, dass ich meinen Kaffee hier stehenlassen würde, aufspringe und mich einem fremden Pilger blitzartig an die Fersen hefte, ist es nun auch nicht. Dafür sind mir mein Morgenritual und meine Freiheit viel zu wichtig. Und zu meiner Beruhigung: Es ist ja nichts passiert. Alles ist gut ausgegangen und der Widerling hat sich nur einen blöden Spaß gemacht.
Trotzdem stopfe ich mir im Bad des Lokals meine blonden Haare fest unter mein schwarzes Käppi. Zu meinem Schutz habe ich beschlossen, meine Weiblichkeit etwas zu verstecken. Als ich zum Tisch zurückkehre, begegnet mir eine junge Pilgerin mit langen lockigen schwarzen Haaren und grüßt mich freundlich. Ich grüße zurück, setze mich und lasse meinen Blick durch den Raum schweifen. Am Tresen entdecke ich ein Pärchen mittleren Alters. Auch wenn sie keine Rucksäcke dabei haben, erkenne ich sie als Pilger. Das Mädchen mit den Locken und das Pärchen verlassen die Bar gemeinsam und ziehen mit ihren Wanderstöcken los.
Ich bezahle meinen Kaffee, packe meine Sachen zusammen und starte ebenfalls. Auch wenn ich mich mit meiner Kopfbedeckung schon etwas sicherer fühle, kommt es mir ehrlich gesagt doch ganz gelegen, noch andere Wanderer in der Nähe zu wissen. Und das sind eben die drei gepäcklosen Pilger, die vorhin so nett gegrüßt haben. Anfangs laufe ich einen schmalen Weg entlang. Die Piste schlängelt sich durch Weideflächen und Wiesen. Farngewächse schmücken den Weges-

rand. In der Ferne dekorieren grüne Hügel die morgendliche Landschaft. Meine Sicht ist gut und es wundert mich sehr, dass die Wanderer aus der Bar nirgendwo zu sehen sind. Ich beschleunige meinen Gang. Sonderlich weit können sie doch nicht gekommen sein, in den paar Minuten, die sie Vorsprung haben. Irgendwie bin ich jetzt doch richtig versessen darauf, in unmittelbarer Umgebung von Pilgern zu sein. Obwohl ich keine Albträume hatte, sitzt mir der Schrecken von gestern doch noch ganz schön in den Knochen. Ich stopfe mir eine herausfallende Haarsträhne unter die Mütze und laufe zügig weiter.

Der Weg wird schmal und sehr malerisch. Laubbäume, die dicht entlang des Pfades wachsen, haben sich ineinander verästelt und bilden ein schützendes Dach. Efeu rankt an den knochigen Stämmen empor und Grashalme wachsen wild durcheinander. Und genau hier, wo mich die Strecke in ihrer Natürlichkeit so sehr fasziniert, geraten die drei Wanderer in mein Sichtfeld. Erleichtert atme ich aus und verlangsame meinen Gang. Ich möchte sie zunächst einfach nur in der Nähe wissen, aber noch nicht gleich zu ihnen aufschließen. So kann ich die Urwüchsigkeit der Natur hier allein genießen, fühle mich aber bedeutend sicherer.

Erst an einer mittelalterlichen Brücke, die sich über ein romantisches Flüsschen spannt, schließe ich mit ihnen Bekanntschaft. Das Pärchen, Pedro und Sonia, sind Onkel und Tante der jugendlichen Jimena mit den langen Locken. Zu ihrer Pilgerfamilie gehören eigentlich noch eine weitere Tante und die Oma. Die Großmutter war auch diejenige, die die Pilgerreise veranlasste. Leider hat sie seit gestern sehr starke Knieschmerzen und muss heute mit dem Taxi zum nächsten Ort fahren – genauso wie die andere Tante. Alle fünf ließen bzw. lassen sich ihre Rücksäcke via Transportfahrzeug befördern und nächtigen in vorreservierten Pensionen. „Hoffentlich geht es meiner Oma bald wieder besser. Es war ihr größter Wunsch, diesen Weg zu gehen“, ersehnt sich Jimena.

Obwohl sie ohne Gepäck laufen, ist der Gang meiner drei Mitpilger sehr gemächlich und langsamer als mein gewohntes Tempo. Ich aber genieße den Schutz und die Möglichkeit, meine Spanischkenntnisse weiter zu festigen. Wir pilgern auf Pisten lange geradeaus und betreten immer wieder Asphaltstücke, auf denen zu wandeln, etwas Historisches hat. Antike Steinmauern schmücken den Wegesrand.
An einer Landstraße angekommen, erweckt ein Friedhof meine Aufmerksamkeit. Jedes der Gräber ist ein eigenes Granitmonument mit Steinkreuzen, die weit in den Himmel ragen. Der Geisterglaube, der auf keltische Ursprünge zurückgeht, hinterlässt noch heute seine Spuren in Galicien. Neben der religiösen Bedeutung scheint die Häufung von Kreuzen auch die Abwehr des Bösen zu symbolisieren. Ich schließe mein Reisehandbuch und erkundige mich bei meinen Begleitern nach dem Geisterglauben in dieser Region. Pedro nickt eifrig: „Ja, die Menschen hier sind ganz schon ehrfürchtig, wenn es um Hexen und Gespenster geht."
Wir erzählen viel über unsere Heimatländer, über die Bildungssysteme und auch über unseren Musikgeschmack. Jimena steht total auf deutsche Musik und kann von Juli, Silbermond und Co gar nicht genug bekommen.
Wir laufen zwar nicht schnell, machen aber auch keine größeren Pausen, sodass wir bereits gegen 12:30 Uhr Vilalba erreichen. Die Herberge befindet sich gleich am Ortseingang, wo wir uns verabschieden.
Die ecuadorianisch-spanische Gruppe und die vier Polen sind auch schon hier. Ich setze mich zu ihnen. Die Sonne gibt ihr Bestes und mein belegtes Brot schmeckt mir.
Gegen 13:00 Uhr erscheint der Zivilschutz und öffnet die Pforten. Die Herberge ist in einem hervorragenden Zustand. Je mehr ich mich Santiago nähere, umso besser scheinen die Unterkünfte zu sein. Ich erfrische mich, wasche Wäsche und rolle meine Isomatte in der Sonne aus. Ich schließe die Augen und döse vor mich hin. Die Sonne brennt heiß auf meine

Wangen. Ich spüre förmlich, wie meine Bräune intensiver und intensiver wird. Erst als ich es vor Hitze nicht mehr aushalte, verschwinde ich nach drinnen und lege mich in mein Bett. Meine Haare sind noch ein wenig feucht vom Duschen und ich versuche, mich so frisurenschonend wie möglich zu positionieren. Ich falle in einen festen Schlaf – sogar ohne Ohrenstöpsel.

Nach ein oder zwei Stunden erwache ich. Benommen taumele ich ins Bad. Auf meinem Weg dorthin begegnet mir eine der drei verletzten Ungarinnen. Wir unterhalten uns eine Weile. Sie erzählt, dass es ihr nicht besser, aber auch nicht schlechter ginge. „Dann erst einmal alles Gute und bis später!“, verabschiede ich mich und betrete den Mädelswaschraum. Dort begrüßt mich die riesige Spiegelfront mit einem Bild, das mir den Atem verschlägt und die Röte ins Gesicht treibt. Über meiner Stirn ragt ein ausladender Haarbüschel senkrecht in die Höhe. Ich sehe aus wie ein komischer Vogel, der in einen Windkanal geflattert ist oder wie Cameron Diaz in „Verrückt nach Mary“, nachdem sie sich versehentlich „etwas“ in die Ponyfransen geschmiert hat. Ach du Schreck! So sah ich also auch aus, während ich mich mit der Ungarin unterhalten habe und durch die halbe Herberge spaziert bin, um hierher zu gelangen. „Wie konnte meine Gesprächspartnerin nur so ernst bleiben?“, frage ich mich, befeuchte mein Haar und klebe meinen Pony zur Strafe an meiner Stirn fest. „Da bleibst du auch!“, drohe ich mit erhobenem Zeigefinger und verlasse das Bad.

Im Zentrum des Örtchens ist wenig los, sodass ich beschließe, mir etwas zum Lesen zu kaufen. Ich entscheide mich für eine billige spanische Klatschzeitung. Sie ist leicht zu tragen und hoffentlich genauso gut zu lesen. Einige Stunden verbringe ich in einem Café und im Supermarkt. Ohne das bunte Magazin würde ich mich ein wenig einsam und tatenlos fühlen und das liegt an einem mir bereits bekannten Umstand: Der Stadtkern ist öde und verlassen, ich habe keine Unterhaltung und bin so früh angekommen, dass die Zeit bis zur Nacht einfach noch viel zu lang erscheint.

Am frühen Abend kehre ich in die Herberge zurück. Im Aufenthaltsraum belege ich mir mein Brot und komme mit einigen Polen ins Gespräch. Meine vier Polen aus Cadavedo sind auch wieder dabei. Ich erzähle, dass ich in knapp zwei Wochen Geburtstag habe, woraufhin die Polen lauthals und im Chor „Happy Birthday“ trällern. Erst auf Englisch, dann auf Polnisch. Alle im Raum drehen sich zu uns um, ich werde rot und fuchtele wild mit meinen Armen. „Nein, nein. Ich habe doch noch gar nicht Geburtstag. Erst in ein paar Tagen. Das dauert noch“, versuche ich sie aufzuhalten.

„Das macht doch nichts. Wir singen immer ‚Happy Birthday‘, wenn uns jemand seinen Geburtstag verrät“, entgegnen sie.

Ein Mädel mit langen hellbraunen Haaren betritt den Raum. „Is it your birthday? “, will sie wissen.

„No, no“, winke ich ab und füge hinzu: „Where are you from?“

„Austria.“

Wir schalten auf Deutsch um.

„Ich bin Amanda“, stellt sie sich vor und platziert ihre Heineken-Dose auf dem Tisch.

„Mady. Das ist mein Lieblingsbier“, deute ich auf ihr Getränk.

Nachdem wir uns über Biersorten ausgetauscht haben, sprechen wir wieder Englisch, damit wir uns mit den anderen unterhalten können. Einer der Polen ist ein Radpilger und direkt vor seiner Haustür losgeradelt. „An manchen Tagen lege ich bis zu 200 Kilometer zurück“, erzählt der recht pummelige Biker.

„He!“, spricht mich eine schlanke junge Polin mit Brille und asymmetrischer Kurzhaarfrisur an. „Hast du nicht Lust, morgen früh um 7:00 Uhr an unserer Messe teilzunehmen? Wir treffen uns hier unten, bevor dann jeder loswandert.“

Ich blicke zu dem polnischen Priester. Er lächelt mich freundlich an.
„Um 7:00 Uhr? Ist nicht so ganz meine Zeit“, lächele ich.
Ich hatte in meinem Leben schon viel Kontakt zur Kirche und würde mich keinesfalls als Atheistin bezeichnen. Auch wenn ich kein Kirchenmitglied bin, so vermute ich aber, dass es irgendetwas Überirdisches gibt, woran es sich zu glauben lohnt. Für mich ist das so etwas wie eine Energie, die mich beschützt, die dazu beiträgt, mir Wünsche zu erfüllen, mir Wanderpartner schickt und mir eine kalte Cola mit Herzeiswürfeln schenkt, wenn ich sie am meisten brauche.
„Kein Problem“, antwortet die Polin. „Wenn ich meine Pilgerreise beendet habe, arbeite ich noch ein paar Wochen als Freiwillige im kirchlichen Pilgerzentrum am Monte do Gozo. „Du kannst dort gern übernachten. Die Leute sind sehr herzlich.“
„Vielen Dank für den Tipp und dir alles Gute für deine weitere Reise und deine Tätigkeit in der Herberge“, lautet mein Wunsch für sie.
Es ist 22:00 Uhr und ich verschwinde ins Bett und denke über den Tag nach. Auch wenn die Gesellschaft der Familie überaus angenehm war, so ärgere ich mich schon ein wenig darüber, dass ich nicht mehr allein sein wollte. Und das aus so einem bedauerlichen Grund. Ich habe Nähe gesucht, weil ich Bedenken hatte, noch eine unangenehme Erfahrung zu machen und nicht weil ich einfach nur locker erzählen wollte. Ich fühle mich jetzt irgendwie meiner gedanklichen Unbekümmertheit beraubt und bin echt sauer, dass so ein ungehobelter Kerl die Schuld daran trägt.

Mit mir allein… Angst ist es nun, die mich die Alleinsamkeit fürchten lässt. Bedenken vor unangenehmen Ereignissen zwingen mich innerlich dazu, mir Begleitung zu suchen. Das missfällt mir ordentlich.

23. Pilgertag: Vilalba-Baamonde (22km) Immer wieder pilgern?

7:15 Uhr. Gesang ertönt aus dem Erdgeschoss in mein langsam erwachendes Ohr. Es hört sich an, als käme er von den Polen, die ihre Messe abhalten.
Nach meinem Besuch im Bad – schließlich weiß ich spätestens seit gestern, wie wichtig der Blick in den Spiegel ist – gehe ich den Stimmen nach. Tatsächlich stehen alle Polen, die ich bisher kennengelernt habe, zusammen. Der Priester in seinem weißen Gewand predigt. Heute ist Sonntag. Sie singen und sprechen im Chor, lauschen dann wieder aufmerksam den Worten des jungen Priesters mit den kurzen dunklen Stoppelhaaren und dem genauso kurzen Bart, der sich über Kinn, Wangen und Oberlippe verteilt. Seine hellbraunen Augen blicken gutmütig in die Runde. Es muss etwa halb acht sein, als sie ihre Messe beendet haben und aufbrechen, während auch ich meine Sachen zusammensuche.
Und eben weil heute Sonntag ist, habe ich ein Riesenproblem damit, eine Bar zu finden, die bereits geöffnet hat. Eine dickliche Frau putzt die Fensterfront eines gemütlich aussehenden Cafés. Ich tippe an die Scheibe, was überflüssig ist, da mich die Frau längst bemerkt hat. Sie verlässt ihr Lokal.
„Wann machen Sie auf?“, möchte ich kaffeedurstig lächelnd wissen.
„Nicht vor 9:00 Uhr“, erwidert sie.
Ich werfe einen Blick auf mein Handy. 8:20 Uhr. „Ach, wie schade. Ihr Lokal sieht so gemütlich aus“, ich linse hinein.
„Danke und tut mir sehr leid.“
„Hat denn vielleicht eine andere Bar schon geöffnet?“, frage ich sie.
„Ja, ich glaube schon. Schau mal dort entlang und dann links!“, weist sie die Richtung.
„Danke!“, verabschiede ich mich.

Nach einigen Metern entdecke ich eine große Traube junger Männer und Frauen, die rauchend vor einer geöffneten Tür herumlungern. Ich sehe erneut zur Uhr: 8.30 Uhr. Was wollen die denn schon alle hier? Musikbässe wummern aus dem Eingang, der ganz klar zu einer Bar gehört. Und dann fällt mir ein, dass morgen Feiertag ist. Am 25. Juli begehen die Galicier den Santiagotag und wollen sich wahrscheinlich rechtzeitig für ihre Fiestas aufwärmen. Gut für mich! So komme ich wenigstens an meinen Café con leche. Ich betrete das Lokal. Es wimmelt nur so von Gästen und alle reden wild durcheinander. Dennoch ziehe ich sofort alle Blicke auf mich. Die Bar liegt nicht direkt am Jakobsweg, sodass Pilger hier sicherlich eher selten herkommen. Einige der Besucher nippen schon an einem Bier und der Lautstärkepegel lässt mutmaßen, dass es nicht ihr erster Drink ist. Kurzerhand mache ich kehrt und flüchte aus dem Lokal. Ein paar Jungs rufen mir noch etwas hinterher.

„Hier kann ich unmöglich in Ruhe frühstücken!", stelle ich fest und folge dem Verlauf des Jakobsweges. Am Ortsausgang liegt unglaublich viel Müll herum. Zügig überwinde ich den schmutzigen Abschnitt – vorbei an alten Mauerresten. Ausnahmsweise sehe ich hin und wieder mal andere Pilger und beschließe etwas später, am sauberen Wegesrand eine Pause zu machen, um meinen Frühstückshunger zu stillen.

Während ich meinen Proviant vertilge, wandern zwei Männer an mir vorbei, dann zwei Frauen. „Mehr Pilger als sonst", freue ich mich und beiße in einen meiner zwanzig Minikuchen aus der Familienpackung. Ich musste gestern sowohl für den heutigen, als auch den morgigen Feiertag einkaufen, da die Geschäfte geschlossen sind. Nur Wasser werde ich ausnahmsweise mal aus dem Wasserhahn nehmen und hoffen, dass mich das nicht umbringt. Aber es wäre einfach irrsinnig, für fast zweieinhalb Tage Wasser einzukaufen und mit mir herumzuschleppen. Andere Pilger befüllen ihre Flaschen schließlich auch mit dem, was ein Herbergswasserhahn so hergibt. Generell bin ich eher vorsichtig, was das ungewohnte Leitungswasser angeht, und greife lieber auf Supermarktflaschen zurück.

Nachdem die Großpackung des Kuchengebäcks bedeutend leichter geworden ist, pilgere ich weiter. Es ist wie verhext, nirgendwo sehe ich Menschen. Wo sind denn alle hin? Ich laufe sehr lange ohne jemanden zu sehen, was mich beunruhigt. Dass hier Fiestazeit ist, heißt ja auch, dass mehr Alkohol getrunken wird und dementsprechend noch mehr enthemmte Typen herumlaufen und sich in Gebüschen verstecken könnten. Seit dem blöden Vorfall habe ich einen kleinen Knacks. Aber ich bin auch ganz froh darüber, dass sich die unangenehme Begegnung erst kürzlich zugetragen hat und nicht schon zu Beginn meiner Reise. Ich denke, dann hätte ich mich gar nicht richtig entspannen können und wäre vollkommen von der Rolle gewesen, wenn ältere Damen mich mit ihren Warnungen bedacht hätten. Es ist schon kurios: Immer wenn ich eine Begleitung hatte, war ich entspannter in Bezug auf einen Schlafplatz, die Wegführung, dunkle Waldabschnitte. Laufe ich allein, genieße ich, alles so zu tun, wie ich es will – ohne Rücksicht auf irgendwen nehmen zu müssen. Es kommt nur auf mich an. Im Alleingang ist die Reise hingegen etwas riskanter, aber dafür ernte ich eine große Portion an Freiheit. Was ist nun besser? Allein und frei oder in Gesellschaft und Gebundenheit? Vor ein paar Tagen, als ich mit den vier Spaniern essen war, habe ich festgestellt, wie angenehm mir Gesellschaft ist. Danach gab es jedoch die kleine Massenwanderung nach Ribadeo, von der ich mich zwanghaft lösen wollte. Vielleicht habe ich am Ende meines langen Weges eine Antwort auf die Frage: Allein oder zusammen?

Unabhängig davon macht mir der fehlende Kaffee das Leben schwer und als ich nach zwölf Kilometern endlich eine Bar entdecke, flitze ich wie ein Wiesel hinein. Ich habe mir gerade ein Heißgetränk bestellt, als mein Ehepaar aus Sevilla den

Raum betritt, knapp gefolgt von der spanischen Familie von gestern. Joaquín und Maite setzen sich zu mir und spendieren mir eine weitere Tasse Kaffee.

„Wir sehen uns auf dem Weg", brechen sie nach einer Viertelstunde kurzerhand auf.

Ich lasse ihnen einen Vorsprung, mache noch fix meine täglichen Notizen und laufe dann auch los. Erst nach zwanzig oder dreißig Minuten gelingt es mir, sie einzuholen. „Danke noch einmal für den Kaffee", schließe ich zu ihnen auf.

„Dafür hättest du dich aber nicht so beeilen müssen", lacht Joaquín.

Gemeinsam gehen wir die gesamte restliche Etappe, die auch für die beiden in Baamonde enden soll. Kurz vor dem Ziel befinden wir uns an einem Meilenstein, dessen Richtung wir nicht so recht zu deuten wissen. Joaquín geht einige Meter geradeaus und sucht eine nächste Markierung. Maite und ich warten, bis er uns zu sich winkt. „Hier geht's weiter." Wir folgen ihm und kurz darauf passieren wir schon die Herberge des Ortes.

„Bis bald!", rufe ich ihnen winkend zu und verschwinde in einem gelben Gebäude mit großem Garten. Es ist 14:00 Uhr und vollkommen unproblematisch, eines der 94 Betten abzubekommen. Der Hospitalero händigt mir ein Einwegspannbettlaken sowie eine Kissenhülle aus und ich fühle mich sofort wohl in dieser äußerst sauberen Unterkunft. Innerhalb des Hauses existieren Bäder, genauso wie in einem kleineren Gebäude im Garten. Mit meinem roten Waschbeutel bewaffnet, hüpfe ich über den Rasen und verschwinde in der Dusche. Ich drehe das Wasser auf und lasse es mir über die verschwitzen Haare laufen. Spanische Volksmusik erklingt. Ach ja, es wird ja heute überall gefeiert, freue ich mich und wippe im Takt. Ich feiere meine eigene Party unter laufendem Wasser, ich drehe mich und summe mit. Meine nassen Sandalen quietschen auf den Fliesen. Meine Ängste sind nicht mehr präsent, hier bin ich ja nicht mehr allein.

„Hast du einen Kamm dabei?“, Amanda, die Österreicherin von gestern Abend, steht vor mir.
„Klar“, ich trockne mich ab, gebe ihr den gewünschten Gegenstand und verlasse das Bad.
Auf dem Steinfußboden am Rand des Herbergshauses stehen Tische, Stühle und Bänke. Im langgezogenen Garten sitzen die Ecuadorianer und der deutschsprechende Spanier, die drei angeschlagenen Ungarinnen, die Polen von gestern und Christian, Amandas österreichischer Kumpel. Die vier Polen trinken Tee an einem der Tische. Die fröhliche Musik dudelt noch immer. Die Atmosphäre ist positiv, gelassen und heiter. Der polnische Priester stellt mir eine Tasse Tee hin, ich setze mich zu ihnen. Vor neun Tagen habe ich die Polen in Cadavedo kennengelernt und wir haben die Nacht gemeinsam auf einem Küchenfußboden verbracht. Seitdem treffen wir uns regelmäßig immer wieder. Die Kommunikation läuft mittlerweile nicht mehr ausschließlich über den englischsprechenden Architekten ab, sondern funktioniert auch ganz gut via Zeichensprache. Manchmal tauchen sogar polnische Vokabeln auf, die einem deutschen oder englischen Wort ähneln. Ich frage den Architekten, wie ihr „Pilgerexperiment“ denn so läuft. Er erzählt mir, dass die Gruppe wirklich gut harmoniert und sich grundlegend einig ist. Dennoch möchte er den Jakobsweg einmal allein gehen. Manchmal sei es doch sehr schwierig, sich mit dem Tempo und den Distanzen aufeinander abzustimmen. Er ist der Sportlichste und würde gern größere Strecken laufen und noch intensiver mit anderen Pilgern ins Gespräch kommen. Er fragt, wie es mir allein so ergehe und wie kontaktfreudig ich sei.
„Es ist eine spannende Erfahrung, eine so lange Reise allein zu machen“, beginne ich. „Aber wenn ich mir Gesellschaft wünsche, bekomme ich sie auch. Manchmal giere ich förmlich danach, mich mit jemandem zu unterhalten, und suche ganz gezielt den Kontakt zu anderen Menschen. Es hat aber schon

Momente gegeben, in denen ich unbedingt allein sein wollte und das dann sehr ausgekostet habe."

Der Architekt mit den rotblonden Haaren nickt verständnisvoll.

Nach einer Weile verabschiede ich mich von den Polen und schlendere mit Amanda und Christian durch den Ort. Die beiden haben mich gefragt, ob wir nicht gemeinsam in eine Bar gehen wollen. Einstimmig betreten wir ein gemütliches Lokal und bestellen regionales Bier aus dem Zapfhahn und bekommen schaumlosen Gerstensaft in kleinen Gläsern serviert. Die Spanier bevorzugen geringere Biermengen, da sie ihr Bier komplett kalt trinken wollen. Mein Freund Andres hatte mir erzählt, dass er im Supermarkt lieber mehr Geld ausgibt für kleine Flaschen, anstatt sich für eine preisgünstigere größere Variante zu entscheiden. „So riesige Mengen werden doch nur warm, bevor man sie austrinken kann", war sein Argument.

Amanda erzählt, dass sie angehende Krankenschwester ist. Christian wird ab Oktober Bau und Design studieren. Die beiden sind vor der Reise nur gute Bekannte gewesen und haben sich auf einer Feier spontan dazu entschlossen, den Jakobsweg zusammen zu gehen. Christian, der sich selbst als Bewegungsmuffel bezeichnet, hat die Reise vollkommen untrainiert begonnen, während Amanda leidenschaftliche Radsportlerin ist. „Wir sind kein Paar und wollen es auch nicht werden. Aber hier auf dem Weg kommen wir wirklich gut miteinander aus", fügen sie lachend hinzu.

„Morgen habe ich so eine Marathonetappe auf dem Plan. Wie weit wollt Ihr gehen?", ich nippe an meinem Bier.

„Wird wohl das Gleiche werden", erwidern sie.

Wir bestellen die nächste Runde, stoßen an und beschließen, morgen zusammen zu laufen.

Im Waschraum der Bar hängt ein riesiger Spiegel. Ich reinige mir die Hände und sehe in mein sonnengebräuntes Gesicht, das in den letzten Wochen etwas schmaler geworden ist. Kommt es mir nur so vor oder wirke ich irgendwie älter? Ich gehe näher heran, sehe mir die Fältchen an meinen Augen an. „Das müssen Lachfalten sein", schmunzele ich mein Spiegelbild an. Dennoch wirke ich irgendwie reifer und strahle etwas aus, das mir zuvor noch nicht aufgefallen ist. Ich weiß nicht, was es ist, vielleicht auch nur das kühle Bier in meinem Blut, aber ich finde, dass mir eine neue Form von Selbstbewusstsein entgegenlacht, eine Selbstsicherheit, die zu sagen scheint: „Geh deinen Weg, egal was auch passiert!" Und ich antworte: „Bin dabei…" Ich lasse die Badtür hinter mir zufallen und setze mich zu meinen neuen Wanderfreunden.

Einige Stunden später, gegen 22:00 Uhr, müssen wir unseren gemütlichen Abend beenden, da sonst die Herberge abgeschlossen wird und wir draußen übernachten müssten. Amanda betätigt die Klinke am Gartentor. „Ach du Schreck. Hier ist schon zu."

Ich versuche es direkt am Gebäude. „Auch zu."

In unserer Fantasie sehen wir uns frierend auf dem Bürgersteig liegen.

„Wir klettern drüber!" Bevor sie ihren Satz ausgesprochen hat, hängt Amanda auch schon am Tor und springt auf das Gartengrundstück.

Lachend turnen Christian und ich hinterher. Wir laufen quer über den Rasen zum Haus, als wir Stimmen hinter uns vernehmen. Die Ecuadorianer stehen am Tor. Sie betätigen die Klinke und treten ein.

Christian und ich starren Amanda fassungslos an. „Die Tür ist offen?"

Erstaunt mustert sie die Pforte. „Bei mir war sie es nicht."

Leise betreten wir die Herberge und kuscheln uns in die Betten.

Mit mir allein… Auch heute konnte ich nicht mit ruhigem Gewissen allein sein, weshalb ich die Nähe zu Joaquín und

Maite suchte und fand. Als ich dann auch noch den Abend mit Amanda und Christian verbringen konnte, ging es mir richtig gut. Ich war gelöst genug, zu erkennen, dass Pilgern reifer macht.

24. Pilgertag: Baamonde-Sobrado dos Monxes Von einem Mönch ins Bett geschickt (40,8km)

Christian und Amanda sind mir sympathisch, denn vor 7:00 Uhr aufzustehen, ergibt auch für sie keinen Sinn. So ist es etwa 7:45 Uhr, als wir unseren Marathon antreten. Ich bin ein wenig nervös und habe Respekt vor den 41 Kilometern, die vor uns liegen. Bei bewölktem Wetter spazieren wir in einem angenehmen Tempo los und lassen uns bald von leichtem Sprühregen erfrischen. Dass wir bei der ersten Gelegenheit eine Kaffeepause machen, muss ich wahrscheinlich nicht erwähnen.

Unsere Etappe führt durch eine dünnbesiedelte Landschaft mit vielen halb oder ganz verlassenen Ortschaften. Einmal wandern wir beinahe direkt über einen privaten Hof, auf dem eine gebrechliche alte Frau ihr Heu zusammenharkt. Sie scheint die letzte Überlebende zu sein und lässt sich von unserer Anwesenheit überhaupt nicht stören. Hundegebell schallt zwischen den grauen Ruinen.

Wir kommen gut voran, pausieren ein Weilchen in einer ruhigen Steinlandschaft mit kleinwüchsigen Nadelbäumen, üppigen Farnen und flachen Mauern aus uralten, ungleichmäßigen Steinplatten. Mit seiner kargen Herzlichkeit zieht mich dieser Streckenabschnitt fest in seinen Bann und ich genieße jede Minute an diesem Ort. Christian und Amanda rauchen eine Zigarette, ich filme und fotografiere die Umgebung. Ungefähr 18 von knapp 41 Kilometern haben wir bewältigt. Wir nutzen unsere Energie und spazieren weiter über Dorfstraßen. Christian hat seine Kopfhörer in den Ohren und Amanda und ich vertreiben uns die Zeit mit lockeren Gesprächen und erzäh-

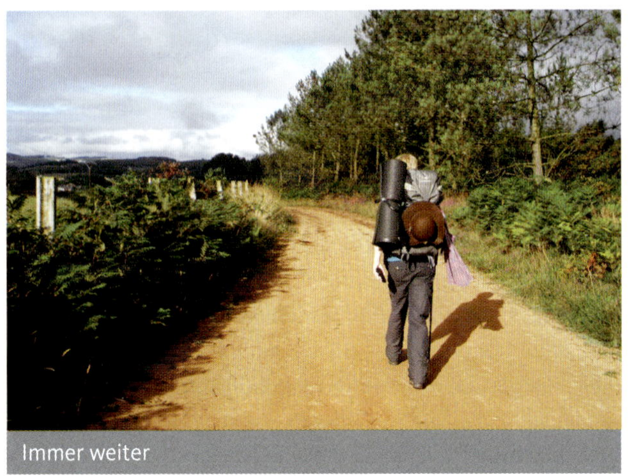

Immer weiter

len einander, wen wir bisher so auf dem Weg getroffen haben und versuchen gemeinsame Bekanntschaften zu finden. Seit Tagen schon vermisse ich die schwäbischen Tuppermädels, die Amanda noch nie getroffen hat. Sie erzählt mir von einem Langzeitpilger, der innerhalb von fünf Jahren die Welt für sich erwandert. Seit drei Jahren schon sei er unterwegs, setze sich mit seiner Pilgerschaft für Frieden ein. Nach Jerusalem will er als nächstes gehen. Bevor er nach Spanien kam, war er in Afrika unterwegs. Diesen Mann hätte ich auch gern kennengelernt.

Nach einer Distanz von circa 25 Kilometern machen wir eine längere Pause. Wir setzen uns auf eine brüchige Mauer am Rande eines ebenso zerfallenen Dorfes. In der Ferne rasselt eine schwere Kette. Ein massiger Hund bellt in tiefen Tönen und reißt an seinen klappernden Fesseln. Wären Christian und Amanda nicht hier, würde ich mich schrecklich gruseln. Aber so empfinde ich die triste Gegend lediglich als öde und ungemütlich.

Einige Kilometer später stelle ich fest, dass mir dieser Marathon leichter fällt als zu Beginn meiner Reise. Ich bin in besserer körperlicher Verfassung, was ich den hunderten Kilometern unter meinen Schuhsohlen zu verdanken habe. Nur einmal spüre ich eine leichte Form von Überanstrengung, als eine dicke Gänsehaut meinen gesamten Körper überzieht. Nach dreißig Kilometern werden meine Schritte plumper und mein Gang steifer, aber sonst geht es mir gut.

Wir erreichen den Ortseingang von Sobrado dos Monxes und ich bin lange nicht so kaputt, wie ich befürchtet hatte. Einzig die Tatsache, dass die Klosterherberge wahnsinnig weit entfernt erscheint, macht das letzte Stück zu einer Herausforderung. Zielstrebig staksen wir durch den Ort zu den weitläufigen Anlagen des ersten spanischen Zisterzienserklosters. Die Originalkirche aus dem 12. Jahrhundert wurde im 17. Jahrhundert durch ein barockes Gebäude ersetzt. Schon lange gilt das Kloster als gastfreundlicher Ort, der Pilgern Fürsorge entgegenbringt und Unterschlupf gewährt.

Tatsächlich werden wir sehr höflich von einem weißhaarigen Mönch begrüßt. Er sammelt die Pilgerpässe ein, allerdings ohne uns ein Bett zuzuweisen. „Wartet hier", sagt er zu uns und einer Gruppe spanischer Pilger. Er verschwindet über den Hofgang. Erschöpft sehen wir ihm nach.

„Wir wollen doch nur ein Bett und eine Dusche", jammern wir müde.

Zehn lange Minuten später erscheint ein anderer Mönch und führt uns und die Spanier in einen kühlen, dunklen Raum, in dem es etwa zwanzig Schlafplätze gibt. Fröstelnd reibe ich mir über die Oberarme und nehme mir eine dicke Wolldecke, die ich heute Nacht über meinen Schlafsack legen werde.

„Wo ist denn euer Pilgerpass?", möchte der Mönch plötzlich wissen.

„Den hat der andere Mönch vorhin mitgenommen", entgegne ich. Ich weiß nicht, ob mir die vierzig Kilometer auf die Zunge geschlagen sind, aber aus irgendeinem Grund versteht der Mann kein Wort meiner spanischen Antwort. Ich wiederhole meine Aussage. Vergeblich. Amanda und Christian können auch nicht helfen, da sie kein Spanisch sprechen. Auf einmal greift der Mönch nach Christians Arm und schiebt ihn zur

Tür. „Der Junge soll zur Anmeldung gehen und eure Ausweise abholen."
„Aber dort sind unsere Dokumente gar nicht. Der andere Mönch hatte sie doch zuletzt." Christians blonder Lockenkopf sieht sich verwirrt um, als der Mönch ihn ein Stück weiter hinausschiebt und seine Aussage nur noch einmal wiederholt.
„Nein…" Ich lasse meine Schultern sinken. Wie nur, soll ich ihm denn noch erklären, dass unsere Pässe bei seinem Klosterbruder sind? Ich will gerade zu einer erneuten Erklärung ansetzen, als sich eines der spanischen Mädels einschaltet. Sie hat verstanden, worum es mir geht, und erklärt es dem Geistlichen. Auch bei ihr braucht er zwei Anläufe, bis er endlich nickt und verschwindet. „Das war eine schwere Geburt", seufze ich, greife mir mein Handtuch und gehe zu den Waschräumen. Ich suche einen Hinweis darauf, welche Nasszelle wohl für die Herren und welche für die Damen sein wird. Ergebnislos. Letztendlich folge ich einem Mädel und stelle fest, dass es keine Geschlechtertrennung zu geben scheint. Ein Mann verlässt das Bad, als ich es betrete. Wir müssen um 22:00 Uhr im Bett liegen, erinnere ich mich an die Anweisung des Mönches, aber die Duschen werden nicht nach Geschlechtern unterschieden? Komische Regeln.
Beim Zurückkehren in unser Zimmer entdecke ich meinen Pilgerpass auf dem Kopfkissen, stecke ihn erleichtert ein und treffe mich mit Christian und Amanda. Angeblich soll es einen Supermarkt geben, der an diesem Feiertag geöffnet hat. Wir begeben uns auf die Suche und werden tatsächlich fündig. Hungrig decken wir uns mit diversen Köstlichkeiten ein und zelebrieren ein ausgiebiges Mahl in der grell beleuchteten Herbergsküche. Mit Einkaufstüten in den Händen betreten eine dunkelhaarige Frau und ein junger Mann den Raum.
„Heeeeeee!", jubelt Amanda, als sie die beiden entdeckt.
Es ist offensichtlich, dass Amanda und Christian die Neuankömmlinge längst kennen. Sie stellen sie mir als Sascha und Carmen aus Deutschland vor.

„Wollen wir uns in den Hof setzen und ein bisschen feiern?", Sascha grinst frech und schiebt seinen Hut über die kurzen braunen Haare.
Wir wandern nach draußen und setzen uns an einen langen Holztisch, an dem auch die jungen Polen aus Vilalba sitzen. Vor ihnen steht ein riesiger Topf, randvoll gefüllt mit einer undefinierbaren Pampe, die rosafarben schimmert. Als sie unsere fragenden Gesichter sehen, bieten sie uns eine Kostprobe an. Carmen und ich sind mutig und testen. Es erinnert uns an Milchreis und scheint so etwas wie ein süßer Brei aus Graupen zu sein.
„Sieht schlimmer aus, als es schmeckt", stellt Carmen fest. Carmen hat lange schwarze Haare, trägt eine quadratische Brille mit einem dicken dunkelbraunen Gestell und ist ungefähr Mitte dreißig.
„Woher kennst du denn Sascha?", will ich von ihr wissen.
„Wir haben uns auf den ersten Etappen des Weges vor einigen Wochen kennengelernt und auf Anhieb gut verstanden. Wir sind einfach zusammengeblieben, wollen gemeinsam Santiago erreichen und dann auch noch weiterpilgern zum Kap Finisterre – eine Extrastrecke von etwa 93 Kilometern."
„Ist das deine erste Pilgerreise?", frage ich.
Carmen schüttelt den Kopf: „Ich war schon zwei Mal auf dem Camino Francés und auch auf dem portugiesischen Jakobsweg unterwegs."
So langsam glaube ich, dass das Pilgern ein wenig süchtig macht. Die Meisten, die ich bisher getroffen habe, kennen mehr als nur diesen Weg. Als ich vor drei Jahren vom Camino Francés zurückgekehrt war, wollte ich keine weitere Pilgerreise unternehmen. Nicht, weil es mir nicht gefallen hat, sondern gerade weil es eine so besonders intensive Erfahrung war. Ich hatte die Befürchtung, mir die eindrucksvollen Erlebnisse und Erkenntnisse kaputt zu machen. Die Reise war damals so perfekt, dass sie besser gar nicht werden konnte. So wollte ich die tollen Erinnerungen daran nicht aufs Spiel setzen. Meine

Freundin Cornelia und ich hatten damals beschlossen: „Frühestens im Rentenalter pilgern wir erneut.“ Und nun, gerade drei Jahre später und noch mehr als vierzig Jahre vom Rentenbeginn entfernt, stecke ich wieder in dicken Wanderschuhen und laufe und laufe und laufe und genieße. Diese Reise ist anders, der Weg ein neuer, die Erkenntnisse aus meiner Alleinsamkeit sind exklusiv. Und deshalb besteht auch nicht die Gefahr, dass sich die Ereignisse aus dem ersten Teil meines Pilgerlebens trüben.
Punkt 22:00 Uhr steht der Mönch an unserem Tisch und mahnt mit erhobenem Zeigefinger: „Zeit zum Schlafen. Ihr solltet längst in euren Betten liegen.“
Artig drücken Sascha, Christian und Amanda ihre Zigaretten aus und wir huschen in unseren Schlafraum. Die prüfenden Blicke des Mönches ruhen auf uns, als wir die Schlafsaaltür von innen zuklappen.

Mit mir allein… Ich war nicht allein – hatte Gesellschaft von Amanda und Christian und das war auch gut so. Dank ihnen empfand ich das schreckliche Hundegebell und Kettengerassel in dem verlassenen Dorf nicht als gruselig.
Der Abend mit den anderen Pilgern war der gelungene Ausklang eines langen Tages und ich frage mich: Werde ich womöglich Pilgerin auf Lebenszeit? Ausschließen kann ich es nicht…

25. Pilgertag: Sobrado dos Monxes-Arzúa (22km) Pilgerruhe ade!

Ich sehe zu den Betten neben mir. Amanda und Christian schlafen noch tief und fest, nur die spanische Gruppe ist längst schon weg. Unfassbar, dass ich von ihrem Verschwinden überhaupt nichts mitbekommen habe. Ich hätte nie gedacht, dass meine Ohrenstöpsel so zuverlässig sind.
Um 8:00 Uhr gelingt es uns, endlich den warmen Schlafsack zu verlassen. Unsere Wanderschuhe gehören zu den letzten,

die noch im Schuhständer auf dem Hof stehen. Christian und Amanda, mit denen ich auch den heutigen Tag verbringen werde, sind um 9:00 Uhr startklar und wir laufen vollkommen entspannt los. Gegen die gestrige Etappe erwartet uns ja nur ein Spaziergang von 22 Kilometern.

Wir laufen über Waldwege und Straßen und stoppen in jeder Bar, an der wir vorbeikommen. Zum Glück gibt es bedeutend mehr Cafés als gestern. Fast schon „sitzen wir uns" von einem Lokal zum nächsten.

Die Sonne strahlt kraftvoll und zaubert ein beeindruckendes Schwarz-weiß-Spiel auf die Landstraße vor unseren Augen. Die Schatten der dünnen Eukalyptusbäume malen ein dunkles Streifenmuster auf den Asphalt. Das Gras im Straßengraben ist braun und trocken, der blaue Himmel schenkt uns ein warmes Dach. Nur Christian kann den Tag nicht so recht genießen. Seine Achillessehne ist geschwollen und schmerzt so stark, dass er kaum noch auftreten kann. Immer weiter fällt er zurück, muss kämpfen um jeden Meter. Im nächsten Café warten Amanda und ich auf ihn, erkundigen uns besorgt nach seiner Verfassung. Seine Antwort ist erschreckend: „Ich glaube, ich schaffe es heute nicht bis zum Etappenziel. Vielleicht muss ich einen Bus nehmen." Dass es so schlimm ist, hatten wir anfangs nicht gedacht. Mitleidig schauen wir uns sein geschwollenes Bein an. Amanda, die als Krankenschwester eine ordentliche Portion starker Tabletten dabei hat, drückt ihm ihr Schmerzmittel in die Hand. Bevor wir nach einer langen Rast weitergehen, nehmen wir Christian noch einen Teil seines Gepäcks ab und ich leihe ihm meinen Wanderstab, damit er sich mit zwei Stöcken besser stabilisieren kann. Tatsächlich wirken die Tablette und die zusätzliche Stütze. Er kann wieder mithalten.

An irgendeinem Punkt, wo genau, ist nicht klar, verfehlen wir den Jakobsweg. Kilometerweit entdecken wir keine Markierung mehr und kämpfen uns über verkehrsarme Landstraßen voran, während die Sonne uns die Scheitel verbrennt. Nach einer Weile treffen wir auf ein Schweizer Pärchen, welches sich ebenfalls sicher ist, dass wir alle uns verlaufen haben. Einstimmig gehen wir an einer Straßenkreuzung in die Richtung, in der wir Arzúa vermuten. Der Weg zieht sich wie ein zäher Kaugummi und will einfach nicht enden. Die Wirkung der Schmerztablette lässt bei Christian auch so langsam nach und die glühend heiße Strecke wird zur Qual. Zwei Radfahrer kommen uns entgegen. Froh, endlich jemanden zu treffen, halten wir sie an und fragen nach dem Weg. Es sind noch etwa fünf Kilometer bis Arzúa und die Richtung stimmt. Energielos schleppen wir uns weiter. Von wegen Spaziergang! Heute bin ich mindestens genauso erledigt wie nach der Monsteretappe von gestern.

Wir erreichen das Etappenziel gegen 16:00 Uhr und beginnen die Reiseführer nach einer Herberge zu durchsuchen. In diesem Ort trifft unser Pilgerweg auf den Camino Francés, dessen Pilgeranzahl bedeutend größer ist. Proportional dazu steigt aber auch die Anzahl der Herbergen. In diesem Ort existieren gleich sechs Unterkünfte, die hoffentlich noch nicht alle überfüllt sind.

Bevor wir so richtig mit der Suche beginnen können, treffen wir auch schon auf Werner, einen Deutschen, dem ich regelmäßig über den Weg laufe. Er ist sich sicher, dass in der Herberge, in der er nächtigt, noch Plätze frei sind und bringt uns dort hin. Für zehn Euro bekommen wir ein Bett in der außerordentlich gepflegten, privaten Unterkunft. Das Bad ist überdurchschnittlich sauber und lädt zu einer ausgiebigen Dusche ein. In eine freie Waschmaschine stopfen wir fast all unsere Sachen. Dann erkaufen wir uns eine halbe Stunde Internetnutzung und erledigen unseren Online Check-in, an dem man nicht vorbeikommt, wenn man mit der Billigairline Ryanair fliegt.

Für meine E-Mails oder ähnliches interessiere ich mich überhaupt nicht. Vor dieser Reise habe ich mich bewusst dagegen entschieden, mich ständig via Handy oder Internet zu melden. Ich möchte diese Tour weitestgehend ohne moderne Kommunikationstechnologien erleben. Ich habe nichts gegen Facebook, Twitter und so weiter, aber hier haben diese Kanäle für mich nichts zu suchen. Sie beschleunigen die Informationsübermittlung und lenken ab. Bestimmt würden sie mich nur irgendwie wegführen von mir selbst und der Auseinandersetzung mit meinen Gedanken und Gefühlen. Auch wenn es mich streckenweise gequält hat, allein zu sein, und ich mich fragen musste, was ich mit mir anfangen soll, wenn ich schon mittags am Etappenziel eintraf, so gehören das Internet und ewige Telefongespräche für mich einfach nicht hierher. Wenn ich in einer unendlich langen Siesta an einem Smartphone herumgespielt hätte, hätte ich vielleicht kein richtiges Gefühl für Zeit bekommen. Möglicherweise wären Nina und Isabelle auch gar nicht zu mir gekommen, wenn ich geschäftig über einen Touchscreen gestrichen hätte, statt mein Gesicht auf die Menschen um mich herum zu richten. Die Zeit kam mir manchmal wie ein zähes Gummiband vor, aber das aushalten zu können, ist eine Erfahrung, die ich nicht missen möchte. Wer weiß, wie sie mir im Leben noch nützen wird. Ich denke, ich sollte lernen, einfach einmal warten zu können. Mal länger, mal kürzer.

Ich folge Christian und Amanda, die es sich auf dem Hof bequem gemacht haben und bereits rätseln, wo wir unsere Wäsche nachher aufhängen könnten. Die Chance, für drei oder vier Euro zu waschen, haben schon einige vor uns genutzt, sodass es vor bunten Shirts und Socken, die fröhlich im lauen Sommerwind wedeln, nur so wimmelt. Sascha und Carmen sind auch in dieser Herberge gelandet und gesellen sich zu uns.

Allmählich wird es immer voller auf der gemütlichen Terrasse und uns wird klar, dass die Pilgerruhe und Menschenleere schlagartig ein Ende haben. Wir sind überrascht, wie vor allem extrem junge Pilger die Plätze belagern. Carmen, die selbst einige Zeit in Spanien gelebt hat, weiß, dass spa-

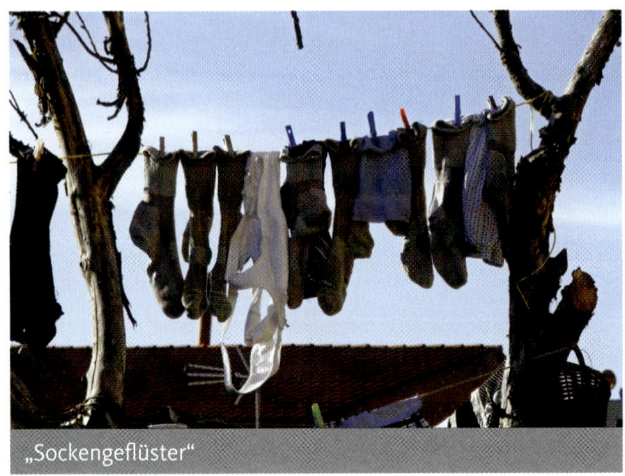
„Sockengeflüster“

nische Arbeitgeber es ganz gern sehen, wenn junge Bewerber Pilgererfahrungen nachweisen können. So kommt es also, dass Schulabsolventen, oftmals innerhalb einer Gruppe von Freunden, sangríatrinkend die letzten 100 Kilometer gehen, um in Santiago an die heißbegehrte Urkunde zu kommen.

Wir hängen unsere Wäsche auf, atmen den ungewohnt guten Geruch der sauberen Sachen ein und spazieren zu fünft in den nächsten Supermarkt. Da wir in der Herbergsküche kochen wollen, decken wir uns mit Pasta, Salatzutaten, Tomaten und Oliven ein. Sascha spendiert ein Sixpack Sidra, den spanischen Apfelmost.

Zurück in unserer Unterkunft, verschlägt es uns beinahe die Sprache: Unsere Wäscheleine hängt lustlos herab, die Kleidung schmückt den Fußboden und auf einer Holzbank, auf der wir aus Platzmangel ebenfalls einige Klamotten platziert hatten, steht ein Rucksack und drückt unsere Sachen platt. Von gegenseitiger Rücksichtnahme ist hier keine Spur, es herrscht hemmungsloser Massentourismus.

Wir räumen auf und machen uns dann in der Küche breit. Die Spanier kochen selten vor 21 Uhr, sodass wir wenigstens hier freie Bahn haben. Wir geben uns richtig Mühe, bereiten grünen Salat mit frischem Knoblauch zu (wir schlafen im gleichen Raum) und kochen ein schmackhaftes Pastagericht. Als Nachtisch gibt es eine Tafel Schokolade und Sidra. Zum Einschenken des Apfelmostes setzen wir uns dann aber doch lieber nach draußen. Jeder von uns hält die Flasche hoch in die Luft und lässt das Getränk in einem weiten Bogen in und neben das Glas laufen. Lachend stoßen wir immer wieder an. Irgendwann kommen wir auf das Thema „Widerlinge am Wegesrand" zu sprechen und ich bin schockiert, dass auch Carmen eine ähnliche Geschichte erzählen kann. Sie wanderte mal allein durch einen bewaldeten Abschnitt und sah aus der Ferne einen Mann am Wegesrand stehen. Zuerst ging sie davon aus, dass er lediglich seine Blase entleerte, wurde langsamer und machte dezent auf sich aufmerksam. Sie wollte ihn ja nicht stören. Als sie aber näher kam, bemerkte sie, dass er sich befriedigte. Dann beschleunigte sie ihren Gang und passierte den Exhibitionisten.

„Hast du deine Story dem Hospitalero gemeldet?", will sie von mir wissen.

Ich nicke bestätigend.

„Sehr gut", fährt sie fort. „Die spanische Polizei ist ziemlich gut und fahndet gezielt nach solchen Perversen."

Ich kann kaum fassen, dass Carmen – neben Ivana und mir – auch ein solches Erlebnis hatte. Wie traurig ist das denn? Widerlinge und Gauner nutzen ihre Chancen, Pilger zu erschrecken und sie angeblich sogar auszurauben…

Wir sitzen noch lange zusammen, tauschen Reiseerfahrungen aus, schneiden Grimassen und fotografieren uns dabei.

Es ist null Uhr, als wir in den Schlafsäcken liegen und den Raum mit unserer Knoblauchfahne benebeln.

Mit mir allein… Heute wieder mit Amanda und Christian zu wandern, fühlte sich schon wie selbstverständlich an – ganz im Gegensatz zu meinem Ausflug an den Computer in der Herberge. Der Anblick des grellen Bildschirmes war so fremd, passte einfach nicht hierher. Geschwindigkeit und rasende Kommunikation haben für mich auf dem Jakobsweg nichts zu suchen. Ich bin offline und sehr, sehr froh darüber.

26. Pilgertag: Arzúa-Pedrouzo (19,6km)
Ein Blick, der mich eindringlich durchbohrt

Wieder starten Christian, Amanda und ich gemeinsam. Allerdings erst gegen 9:30 Uhr. Wir haben nur knapp zwanzig Kilometer vor uns und auch am heutigen Etappenziel soll es mehrere Herbergen geben.
Es ist seltsam, ich kann mich an Arzúa überhaupt nicht erinnern, obwohl ich vor drei Jahren durch den Ort gelaufen sein muss. Was ich aber noch von damals weiß: Auf den letzten 100 Kilometern war der Weg bedeutend stärker bevölkert als zuvor. So reicht diese Distanz aus, um die Urkunde zu bekommen. Für Radpilger und Reiter sind die letzten 200 Kilometer entscheidend. Aus dem Grund bewältigen einige eben nur diesen Abschnitt.
Ich, die gerade vom Küsten- bzw. nördlichen Weg komme, erlebe heute einen richtigen Schock, genauso wie meine beiden Wanderpartner. Die Strecke scheint wie ein Fließband zu sein, auf dem sich massenweise Wallfahrer drängen. Amanda und ich beginnen sie zu zählen. Als wir nach einer Dreiviertelstunde bei einer Anzahl von 41 Menschen angelangt sind, geben wir auf. Wir setzen uns lieber in ein Café, in dem wir glücklicherweise einen Tisch auf der Terrasse abbekommen, und lassen die Pilger Pilger sein.
Der Weg selbst ist schön und ich erinnere mich sogar an einige besonders malerische Waldabschnitte, auf deren Böden die Schatten der Bäume tanzen. Das Wandern ist angenehm, der Untergrund duftend und weich. Christians Sehne geht es bedeutend besser und er läuft sogar schneller als wir. Seine Kopfhörer hat er tief in den Ohren sitzen und er scheint in

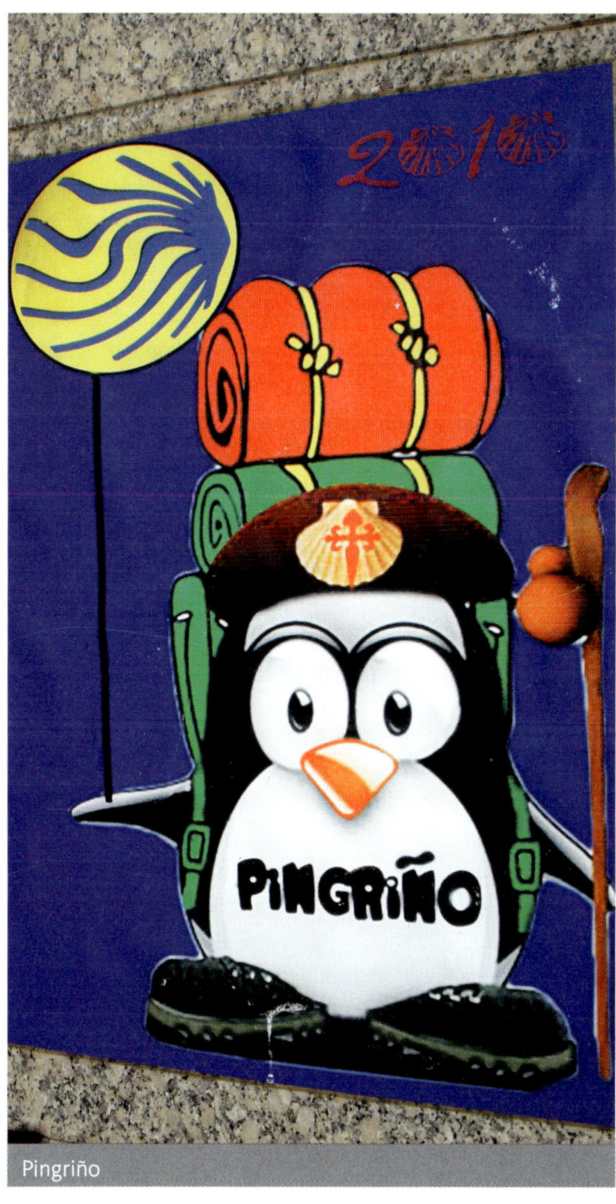

Pingriño

seiner eigenen Welt zu schweben. Amanda und ich schütteln noch immer die Köpfe über die Pilgermassen, amüsieren uns aber auch über eine stark geschminkte Pilgerin in engen Hotpants. Auf ihrem Rücken wippt ein winziger glänzender Lederrucksack, der perfekt zu ihrem restlichen Outfit passt. Die prallen rot geschminkten Lippen leuchten und ihre perfekt gehaarsprayte Bobfrisur hält jedem Windzug stand. Beim Wandern wackelt ihr knackig-arroganter Hintern.

Der Weg ist wie ein Strom: Menschen schwimmen an uns vorbei, wir an ihnen. Am Ende der Etappe sind wir sicherlich vollkommen heiser vom häufigen Grüßen. Jedenfalls muss hier keine Frau mehr Angst haben, unbemerkt gekidnappt zu werden…

Dafür ereignet sich heute etwas vollkommen Sonderbares, das ich so schnell nicht vergessen werde. Wir befinden uns gerade in der Nähe des Ortes Santa Irene, als ich aus dem Augenwinkel eine Frau am Wegesrand wahrnehme. In dem Moment, in dem wir sie passieren, läuft sie auf mich zu. Ich kneife die Augen zusammen. Und dann erkenne ich sie: Es ist Lucia aus der Herberge in Gontán. Lucia, eine flüchtige Pilgerbekanntschaft, mit der ich ein paar lockere Gespräche geführt habe. Und diese Lucia steuert nun auf mich zu und umarmt mich, als wäre ich eine langjährig vermisste Freundin. Sie drückt mich innig und unendlich lange. Während der Umarmung frage ich einige Male, ob es ihr gut gehe und alles in Ordnung sei. Sie nickt nur, wie ich an meiner Schulter spüren kann. Minutenlang stehen wir so da. Christian und Amanda sind einige Schritte vorangegangen. Ich erwidere die Umarmung, mache mir aber Sorgen um Lucia. Wir hatten wenig miteinander zu tun und ich finde es schon etwas merkwürdig, wie innig sie mich umfasst. Irgendwann nimmt sie Abstand und sieht mir in die Augen. Ihr fester Blick durchbohrt mich mit einer Intensität, die mich überrascht. Noch nie zuvor hat ein Mensch mich so angesehen, wie sie es jetzt tut. Ich bemühe mich zu enträtseln, was ihre Augen zu sagen versuchen. Es scheint mir, als hätte Lucia kurz vor meiner Ankunft irgendeine Form von Extremerfahrung gemacht. „Geht es dir gut?“, will ich erneut wissen. Sie nickt stumm und durchdringt mich weiter mit ihren schönen, dunklen Augen, die wie Glasperlen schimmern. Dann endlich beginnt sie zu sprechen. Sie legt ihre Hand fest auf meine Brust und entgegnet mit eiserner Stimme: „Den Weg muss du allein gehen.“ Ihr Blick huscht kurz zu Christian und Amanda hinüber. Sie pocht mit dem Zeigefinger auf mein Herz und fügt hinzu: „Der Weg ist hier drin.“ Dann entfernt sie sich.

Ich taumele einen Schritt zurück, hebe schwach meine Hand zum Abschied und schließe langsam wieder zu Amanda und Christian auf. Meine Beine sind ganz weich. Ich kann ihn nicht vergessen, ihren Blick, und frage mich immer und immer wieder, was ihr wohl passiert sein mag…

Ich möchte an dieser Stelle gar nicht mehr sagen, als dass Amanda, Christian und ich in Pedrouzo keinen Herbergsplatz mehr bekommen haben, uns stattdessen ein Doppelzimmer in einer Ein-Sterne-Pension teilen und heute Abend unsere Wanderpartnerschaft beenden. Einerseits, weil ich den Weg tatsächlich allein abschließen möchte, und andererseits, weil die beiden einen Tag eher als ich in Santiago ankommen wollen.

Mit mir allein… Hat Lucia Recht? Muss man den Weg allein gehen? Hin und wieder schon, da stimme ich zu. Aber ganz ohne Weggefährten geht es meiner Meinung nach auch nicht. Immer wieder komme ich an einen Punkt, an dem ich mir Menschen wünsche, mit denen ich mich austauschen kann oder die einfach nur schweigsam neben mir wandern. Ich verbrachte die letzten Tage in Gesellschaft, was aber keinesfalls bedeutete, dass Amanda, Christian und ich uns ständig unterhielten. Wir konnten auch mal stundenlang nichts sagen – ohne etwas zu vermissen.

27. Pilgertag: Pedrouzo-Monte do Gozo (16,5km) Wieder allein

Ich wälze mich von rechts nach links, strecke meine Arme aus, winkle meine Beine an, mache sie wieder lang, drehe mich auf den Rücken und starre in die Dunkelheit. Obwohl ich auf zwei Isomatten liege, drückt der harte Boden in all meine Knochen. Ich habe das Doppelbett freiwillig meinen zwei österreichischen Freunden überlassen, weil ich dazu neige, mich nachts sehr breit zu machen, und davon ausging, dass der Bodenschlafplatz mit zwei Isomatten spitzenmäßig bequem sein muss. Irrtum, Mady, ist er nicht!

Sofort nachdem Christian und Amanda um 6:30 Uhr die Pension verlassen haben, schieße ich wie ein Pfeil auf das nun freie Bett. Ich schließe die Augen, spüre noch kurz die himmelweiche Matratze unter mir und falle in einen tiefen Schlaf.

Mein Handywecker brüllt mich Punkt 9:00 Uhr unbarmherzig an. Ich drehe mich schwach um. Vorsichtig blinzeln meine müden Augenlider. Ich bin sicher, so muss sich ein Faultier nach einer Überdosis Schlaftabletten fühlen. Fünf Mal drücke ich den Alarm aus. Dann endlich schaffe ich den Weg ins Etagenbad. Ich packe meine Sachen zusammen und schlendere zur Terrasse der Bar, die sich direkt neben der Pension befindet. Ich bestelle mir eine große Tasse Kaffee und bekomme dazu ein riesiges Buttercroissant geschenkt.

Der Himmel ist wolkenlos und blau, die Sonne schickt kräftige weiß-gelbe Strahlen auf mein verschlafenes Gesicht. Das wird ein schöner Wandertag, ein schöner vorletzter Pilgertag. Von hier aus sind es nur noch etwa 21 Kilometer bis Santiago. Ich könnte diese Etappe vollständig heute bewältigen, möchte es aber nicht. So habe ich beschlossen, nur bis Monte do Gozo zu gehen, um dann morgen ganz früh nach Santiago hineinzulaufen. Ich kann mir gar nicht vorstellen, heute schon anzukommen. Das ginge mir eindeutig zu schnell. Ich möchte diese geruhsame Reise langsam beenden.

Genüsslich schlürfe ich den letzten Schluck Kaffee aus und wandere im lässigen Spaziertempo los. Es ist kein Problem, den Weg zu finden. Viele andere Pilger strömen bereits auf ihm entlang. Dennoch bin ich heute wieder allein, ohne meine beiden Wanderpartner. Allein und nicht einsam. Vom ersten Pilgerschritt an, genieße ich die Zeit mit mir, erfreue mich am Wetter und den weichen Pisten, auf denen ich gehe. Ständig überhole ich Wanderer, grüße freundlich und gehe zügig weiter. Ich möchte mich mit niemandem unterhalten, will die letzte Pilgerzeit, die mir bleibt, nur mit mir verbringen.

In einem edlen Hotel, das einige Meter abseits des Jakobswegs liegt, bekomme ich den größten Milchkaffee meiner gesamten Reise serviert. Auf der luxuriösen Terrasse bin ich der einzige Gast. Ich schaue mir meine Fotos an, beobachte die Angestellten, wie sie eine Veranstaltung vorbereiten, erledige meine Notizen.

Bis Monte do Gozo sind es nur noch sechs Kilometer. „Monte do Gozo“ bedeutet „Berg der Freude“. Denn Freude und Glücksgefühle empfanden und empfinden wir Pilger, wenn wir von dort oben das langersehnte Reiseziel Santiago de Compostela vor uns sehen können. Bald werde ich es also auch erblicken können.

Zur Mittagszeit fordert mich die Hitze noch einmal so richtig heraus. Obwohl das Etappenprofil verhältnismäßig harmlos ist, kann ich mich nur noch träge voranschleppen. Was ist denn auf einmal los? So kurz vor dem Ziel fällt mir das Wandern so unendlich schwer? Ich stoppe, werfe meinen Rucksack an den staubigen Wegesrand, esse Kekse und trinke viel Wasser. Langsam laufe ich weiter. Und urplötzlich bin ich da. Urplötzlich stehe ich vor dem Denkmal, das siegessicher auf dem Berg der Freude thront. Ich muss an ein Zitat denken, auf das ich vor meiner Reise gestoßen bin, und stelle nun fest, dass ich die Worte darin sehr gut verstehen und selbst nachvollziehen kann.

„Als wir die Höhe eines Bergzuges mit Namen ‚Berg der Freude' erreichten und das so herbeigeflehte Santiago offen vor uns liegen sahen, fielen wir auf die Knie, und die Freudentränen schossen uns aus den Augen. Wir begannen das ‚Te Deum' zu singen, aber kaum brachten wir zwei oder drei Verse hervor, denn allzusehr unterbrachen Tränen und Seufzer unseren Gesang und ließen das Herz erzittern."

(Quelle lt. Wikipedia: Laffi, Viaggio al Poniente,
dt. nach Wegner, Der spanische Jakobsweg)

Ich falle zwar weder auf die Knie, noch singe ich, muss aber tief durchatmen und kann kaum glauben, dass ich die Stadt Santiago vor mir sehen kann. Unfassbar, dass ich es fast geschafft haben soll…

Gemächlich gehe ich zu dem riesigen Herbergskomplex mit mindestens 400 Schlafplätzen. Es ist halb drei und immer wieder kommen Pilger an. Einige von ihnen wirken kräftig und gesund, andere humpeln und schleppen sich nur mühsam hierher.

Ich verbringe einen sehr ruhigen Nachmittag, lese in meiner Klatschzeitung, schlafe eine Weile, beobachte Menschen. Nach drei Tagen, in denen ich pausenlos Gesellschaft hatte, ist es schon irgendwie komisch, einen so langen Nachmittag und Abend wieder allein zu verleben. Allein, aber nicht einsam.

Schon um 21:00 Uhr liege ich im Bett. In meinen Fingerspitzen prickelt es. Mein kleines Pilgerherz pocht. Morgen endet meine Reise. Morgen bin ich da. In meinem Kopf überschlagen sich die Bilder der letzten Wochen. Ich kann nicht einschlafen. Und als es mir endlich gelingt, träume ich von Santiago.

Mit mir allein… das musste heute sein. Es erscheint mir unvorstellbar, dass ich den Tag in Gesellschaft verbracht hätte. Es kam mir vor, als wäre meine Alleinsamkeit ein schönes Geschenk gewesen, das ich am Monte do Gozo – mit Blick auf Santiago – ausgepackt habe. Denn: Was ich allein begann, möchte ich auch allein zu Ende führen.

28. Pilgertag: Bis nach Santiago de Compostela
Der Weg war mein Ziel (4,7km)

„Erst am Ende unseres Weges stehen die Antworten", sagte Laotse, ein chinesischer Philosoph. „Stimmt das?", frage ich mich. Welche Antworten werde ich bekommen, wenn sich die famose Kathedrale wie ein gigantischer Riese vor mir auftürmt? Welche Antworten habe ich längst bekommen? Bin ich überhaupt am Ende meines Weges? Nein, das trifft wirklich nur auf den Jakobsweg zu. Tatsächlich habe ich hoffentlich noch eine lange Wegstrecke vor mir...

Ein erfrischender Wind weht durch mein Haar, die rotgelbe Morgensonne begrüßt den Berg der Freude. Meine Wanderschuhe sind fest geschnürt und genauso fest entschlossen, die letzten Meter zu laufen.

Vor etwa 600 Kilometern war meine Haut noch weiß, das Gesicht ein wenig runder und die Beinmuskeln weicher. Vor 600 Kilometern habe ich meine Reise allein begonnen. Und jetzt werde ich sie allein zu Ende führen. Zwischen Santander und Santiago de Compostela habe ich Momente der Einsamkeit erfahren, literweise Regenwasser abbekommen, mir den Scheitel verbrannt, die Gesellschaft warmherziger Menschen genossen und meine Freiheit ausgelebt.

Beinahe in Zeitlupe setze ich nun einen Fuß vor den anderen. Wie in Trance folge ich den Markierungen. Auf meiner Haut kribbelt es. Ich bin unendlich stolz auf mich. Ich lächle. Salzige Flüssigkeit sammelt sich in meinen Augen. Ich lächle noch mehr. Mit jedem Schritt steigert sich das feierliche Gefühl in meiner Brust. Wie hypnotisiert steuere ich auf das Ortseingangsschild von Santiago zu. Raketenartig entladen sich meine Emotionen. „Ich bin daaaaa!", schreie ich das Schild an.

Mit steigender Aufregung fiebere ich der Kathedrale entgegen. Obwohl ich das prachtvolle Bauwerk bereits kenne, bin ich nervös wie beim ersten Besuch. Ich erinnere mich noch

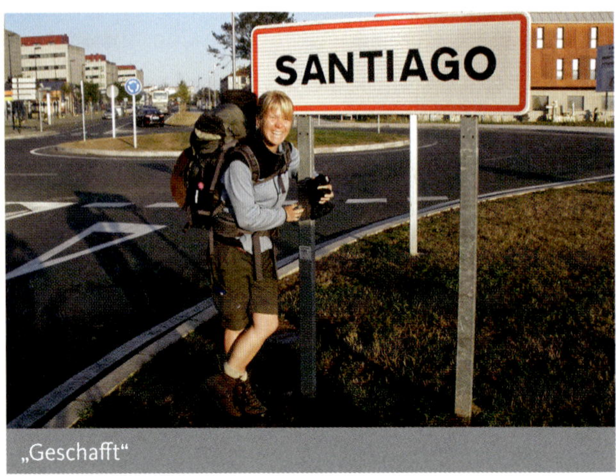

„Geschafft“

gut daran, wie es mir den Atem verschlug, als ich damals plötzlich davor stand. „Wie wird es mir gleich ergehen?“, frage ich mich auf meinem zielgerichteten Weg durch die Altstadt.

Mein Puls geht langsam, genauso wie mein tiefer Atem. Bedächtig schweift mein Blick vom Fundament des imposanten Bauwerks hinauf zu seinen Türmen. „Angekommen“, hauche ich ehrfürchtig, stelle meinen Rucksack ab und gewinne ein Gefühl von Leichtigkeit. Ich knote die Schnürsenkel meiner Wanderschuhe auf, streife sie mir von den Füßen und lasse mich mitten auf dem Platz nieder. Obwohl der gesamte Weg mich vieles gelehrt hat und somit zu meinem eigentlichen Ziel geworden ist, habe ich jetzt das Gefühl, doch irgendwie „am Ziel zu sein“. Eine Gruppe von mindestens fünfzig Jugendlichen betritt singend den Platz. Ihre Stimmen hallen an den alten Gemäuern wider. Als sie die Kathedrale erblicken, fallen sie einander in die Arme, hüpfen auf und ab und jubeln laut. Sie versprühen eine unbändige Energie, die auch mich packt. Eine mächtige Welle an Stolz rauscht durch meinen Körper. Ich habe es geschafft. Ich habe ihn gefunden: Meinen Weg.

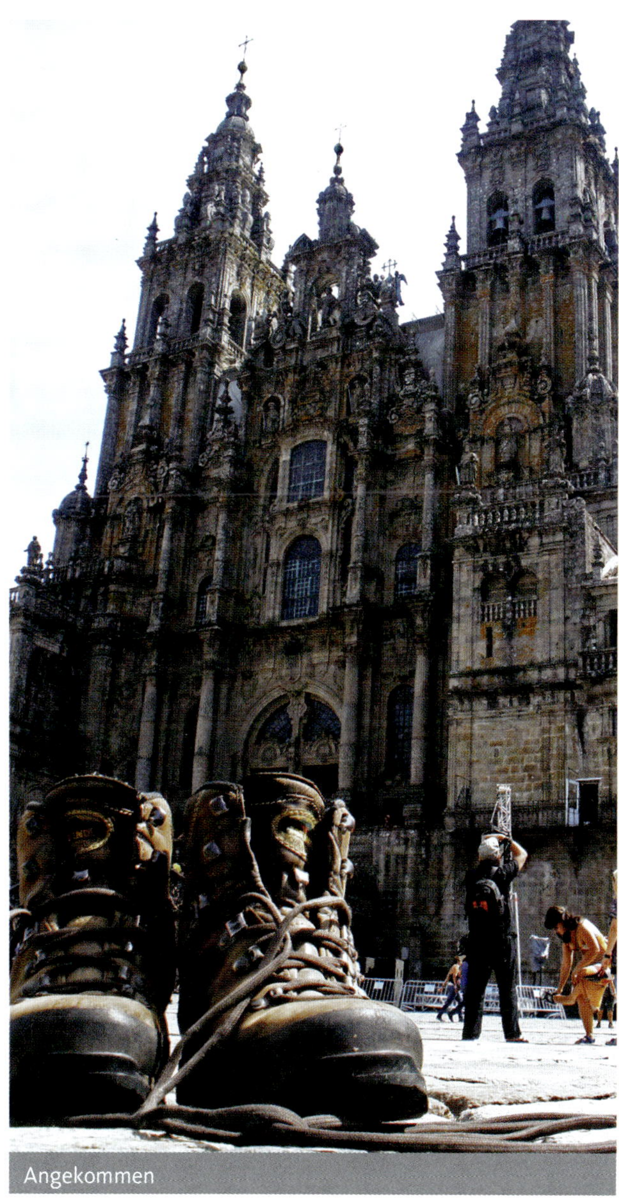

Angekommen

Und was gefällt mir nun besser? Das Reisen allein oder zu zweit? Mir ist klar geworden, dass ich allein wandernd mehr um meine Sicherheit besorgt bin und konzentrierter handele. Ich weiß nun, dass Alleinsamkeit nicht gleichbedeutend sein muss mit Einsamkeit, es aber durchaus sein kann. Ich habe gespürt, wie sehr ich förmlich nach menschlicher Nähe gierte und wie es mich abstieß, in Gesellschaft zu wandern. Ich habe erfahren, dass ich mit Alleinsamkeit sehr gut, kaum aber mit Einsamkeit umgehen kann. Im Großen und Ganzen (und darum geht es doch) habe ich mich als eine sehr gesellige Person erlebt, die ihren Weg gern – Ja, sogar lieber! – mit anderen teilt. Auf dieser Pilgerreise und auf der Reise, die sich Leben nennt.